Sommaire

Introduction

Serait-il iconoclaste de prétendre que le beagle est le plus français des chiens courants britanniques ? Il y a tout d'abord son nom : « beagle » vient vraisemblablement de l'ancien français « bégueule », gueule bée, ouverte, d'où bruyant.

Et puis, sa finesse de nez et ses qualités de gorge correspondent tout à fait aux attentes des amateurs français de chiens courants. Ajoutons son format modeste : sa taille au garrot culmine à 40 cm. Il s'avère adapté à un grand nombre de chasseurs, puisque dans notre pays l'art cynégétique n'est pas réservé à une élite ; on peut le faire chasser en solo, en couple, en meute pour la chasse à tir, c'est aussi le plus petit des chiens d'ordre utilisé par les équipages de vénerie.

Français encore par l'ancienneté de son introduction dans l'Hexagone : il y est présent depuis près d'un siècle et demi sans discontinuité.

Pour être honnête, il faut préciser que le beagle harrier, son proche parent, possède une « *french touch* » supplémentaire, son oreille attachée bas et tournant légèrement à son extrémité. Et une sélection cent pour cent française.

Le beagle est de loin la plus répandue des races de chiens courants : avec plus de 2 500 inscriptions au Livre des origines français chaque année, il représente près d'un cinquième des effectifs des races de chiens courants. C'est peu de dire qu'il s'est imposé parmi les amateurs de chiens courants de France.

Particulièrement répandu dans l'Ouest, le Sud-Ouest et le Sud-Est, Il fait merveille sur tous les gibiers : le lapin et le renard ici, le chevreuil ou le lièvre là, le sanglier ailleurs.

Ce qui ne gâte rien, c'est qu'il fait un chien de compagnie agréable, joyeux et même plein de tonus, pouvant s'adapter partout si l'on respecte son tempérament sportif.

Le beagle est bien l'une des plus belles réussites de la sélection canine, très athlétique et plein de distinction tout à la fois !

Le beagle

Direction éditoriale
Hervé Chaumeton

Relecture
France Fauchère

PAO
Isabelle Véret

Photogravure
Chantal Mialon, Stéphanie Tridoux

ISBN : 978-2-84416-669-2
N° d'éditeur : 84416
Dépôt légal : septembre 2009

Achevé d'imprimer : août 2009
Imprimé en Slovaquie par Polygraf Print GmbH, Presov

Le beagle

Gérard Sasias

ARTÉMIS
ÉDITIONS

Généralités

L'HISTOIRE DU BEAGLE

Il est à la fois le plus petit des chiens courants non-bassets et le plus répandu. En France tout d'abord, mais aussi par exemple aux États-Unis où se trouve la plus importante population de beagles au monde. Le beagle est le dernier maillon d'une chaîne très ancienne puisque l'on parle de petits chiens poursuivant le lièvre à la trace depuis plus de 2 000 ans !

L'origine du nom « beagle »

Bien des amateurs pensent que le beagle pourrait avoir des origines françaises. Rien n'est moins sûr, à ceci près que son nom vient certainement du français. Il provient du vieux français « bégueule », c'est-à-dire gueule bée, ouverte. Avant de prendre une connotation insultante, « bégueule » désignait simplement quelqu'un de bruyant. Le beagle serait donc le chien qui donne de la voix. Ce qui lui va plutôt bien, ce n'est pas pour rien que les Anglais l'ont souvent surnommé *singing beagle,* beagle chantant.

Cependant, signalons qu'il existe une autre étymologie du mot beagle, qui pourrait provenir d'un mot celtique, *baeg,* qui signifierait « petit ». Il existe aussi un autre mot de vieil anglais, *begle* qui est avancé. Remarquons tout de même qu'une grande majorité d'auteurs anglo-saxons actuels penchent pour l'origine française.

Le terme de beagle apparaît pour la première fois en langue anglaise dans un ouvrage de sir William Skeat datant de 1475. Auparavant, *Les Contes de Canterbury,* de Chaucer, le premier texte en anglais, datant du XIVe siècle, avait évoqué des petits « hounds ».

Le beagle a été attaché aux meutes royales d'Elizabeth Ire : le « beagle elizabeth » désignait un chien de poche – utilisé à la chasse, du lapin en particulier, et non pas comme chien de manchon. Il est cependant curieux que le Dr Caïus, auteur d'un fameux traité, *De canibus britannicis,* en 1570, qui fut aussi le médecin de la reine Elizabeth Ire, ne cite pas du tout le beagle. Il évoque uniquement, au chapitre des chiens de vénerie, le harrier, comme le chien courant type, chassant toutes sortes d'animaux, du cerf au lapin, et précise qu'il en existe un grand nombre de variétés portant des noms différents. Il est bien difficile de suivre les traces les plus anciennes du beagle dans son pays d'origine. Une chose est sûre : il y est connu depuis au moins le XVIe siècle.

L'origine des chiens courants

On peut penser que le « métier » de chien courant est le plus ancien de l'espèce canine. Il correspond aux mœurs des Canidés ancêtres des chiens, chassant les troupeaux d'herbivores en meutes. Chiens et hommes ont été longtemps en concurrence mais pouvaient tout aussi bien s'allier. Sans doute, les premiers chiens sont devenus des commensaux des premiers hommes avant d'être vraiment domestiqués. Ils les ont débarrassés de leurs déchets

alimentaires, ce qui permettait aux hommes de rester plus longtemps sur un même lieu. Ces derniers ont aussi profité des qualités olfactives des Canidés, observé et tiré parti de leurs méthodes de chasse. De leur côté, ces Canidés, en restant à proximité des hommes, ont trouvé une source de nourriture plus facile.

> L'ancêtre du chien

C'est cette complémentarité entre hommes et chiens qui peut expliquer que l'espèce canine a été la première à être domestiquée. Et de loin ! Cette domestication a débuté il y a environ 12 000 ans, possiblement en plusieurs endroits du globe. Cela dit, il apparaît probable que le chien soit issu du loup et de nul autre Canidé – les scientifiques excluent aujourd'hui une hybridation loup-chacal. Cela n'interdit pas que diverses populations de loups, voire des sous-espèces, aient été mises à contribution. Mentionnons pour mémoire une thèse originale, défendue par le professeur Pierre Pfeffer, qui soutient que le chien descend d'une espèce différente du loup et du chacal complètement disparue et difficile à caractériser par les seuls ossements. Cette espèce de chien sauvage survivrait aujourd'hui à travers les chiens pariahs asiatiques et les dingos des Aborigènes australiens.

> La spécialisation canine

Peu à peu les meutes de chiens domestiques se sont diversifiées en diverses variétés, chiens courants proprement dits, limiers mais aussi lévriers poursuivant à vue les animaux les plus véloces, ainsi que mâtins et dogues prêtant main-forte pour venir à bout des grands animaux dangereux.

Deuxième élément important : très vite, la chasse, en particulier avec des chiens, a été réservée à l'aristocratie. Les types de chiens ont pu se diversifier en se spécialisant selon les types de chasse et selon les gibiers. Le livre de Gaston Phébus, *Le Livre de la chasse,* témoigne des soins apportés aux meutes au XIVe siècle. Il a notamment été traduit en Angleterre – c'est d'ailleurs pourquoi, dans les ouvrages anglais qu'il a inspirés ou qui l'ont copié, il n'est fait nulle mention des races autochtones comme le beagle.

Dans certaines contrées comme l'Allemagne, le progrès des armes, arbalètes puis armes à feu, a entraîné la disparition de la chasse avec des chiens courants, ceux-ci se muant en limiers ou en brachets. Dans d'autres, la Grande-Bretagne et la France, au contraire, la chasse aux chiens courants a été de plus en plus codifiée. Outre-Manche, elle s'est même trans-

formée en sport. À partir du XVIIIe siècle, on voit apparaître le fox-hunting, chasse à courre avec des foxhounds, qui devient peu à peu une poursuite très rapide où le cheval prend parfois plus d'importance que le chien.

> Les débuts de la sélection

Il faut attendre le XIXe siècle pour que les chiens courants bénéficient d'une sélection rationnelle. Ce sera l'apanage des éleveurs britanniques qui prennent ainsi quelques longueurs d'avance sur les autres utilisateurs de chiens courants. Ils mettent au point, à la suite du foxhound, le harrier et le beagle, en privilégiant les performances physiques, la spécialisation dans une sorte de gibier, laissant souvent au second plan les qualités de gorge et les particularités de robe. Pendant le Second Empire, ces chiens courants déferlent sur la France et servent à régénérer les vieilles meutes françaises, souvent élevées en consanguinité étroite. Nombre de grands chasseurs suivent l'exemple de Napoléon III, qui n'avait auprès de lui que bloodhounds, staghounds (pour la chasse au cerf), foxhounds et harriers. Il faudra attendre les années 1960 pour que dans notre pays les veneurs reviennent au plus près du type français, y compris les races anglo-françaises, n'ayant conservé des races anglaises que la robustesse et la vélocité.

Origine et histoire du beagle

Le beagle ne résulte pas d'une fantaisie récente de l'élevage ayant cherché à sélectionner un chien de petite taille. L'écrivain grec Xénophon, 400 ans avant J.-C., évoque des chiens courants de petite taille suivant le lièvre à la trace. Il serait présomptueux d'évoquer une filiation entre ces chiens antiques et le beagle, cela témoigne seulement que, depuis de nombreux siècles, on a employé et sélectionné des chiens courants de taille modeste.

Laissons de côté le poète Ossian, du IIIe siècle après J.-C., qui aurait évoqué le beagle. Mais Ossian et son œuvre sont aujourd'hui considérés comme légendaires, ce serait une mystification de l'écrivain écossais du XVIIIe siècle, Macpherson. L'évocation du beagle dans une œuvre censément gaélique pourrait bien être considérée comme un anachronisme !

On dit aussi qu'il serait le descendant de chiens courants amenés par les seigneurs normands au moment de leur conquête de l'Angleterre, en particulier les chiens talbot à robe blanche. D'autres lui attribuent le chien d'Artois comme ancêtre, sans vraiment d'arguments convaincants. Si l'origine de son nom est sans doute française, la race, elle, est vraiment anglaise.

Le beagle miniature

Pendant des siècles, les beagles ont été attachés aux rois et reines britanniques : le premier à les avoir adoptés est Henry VIII. Il a transmis sa passion à sa fille Elizabeth Ire. Celle-ci attacha son nom à un type de beagle miniature, le « beagle elizabeth » qui mesurait de l'ordre de 9 pouces au garrot, soit 23 cm. Ces petits chiens étaient transportés dans une besace fixée à la selle des chevaux pour chasser le lapin qui a pullulé en Angleterre plus précocement que sur le continent. Malgré le patronage royal, on en sait très peu sur ce chien. Beaucoup pensent que le nom de beagle recouvrait un ensemble de chiens disparates. On a parlé notamment des beagles des comtés du sud, à livrée blanc et noir, de bonne taille, et des beagles des comtés du nord, plus petits et à robe blanc et orange.

En fait, le « beagling », c'est-à-dire le courre du lièvre, ne s'est codifié qu'au cours du XVIIIe siècle et c'est donc à partir de cette époque que le beagle est mieux caractérisé. Même si le beagle n'était pas tout à fait une race, au sens moderne du mot, on peut penser qu'il est le chien courant britannique le plus ancien ; il est notamment un des ancêtres avérés du foxhound. L'engouement de l'aristocratie pour le fox-hunting, la vénerie du renard, a fait que le foxhound a polarisé toute leur attention. À partir de leurs meutes destinées à la chasse au lièvre et au lapin, ils ont sélectionné un chien plus grand extrêmement sportif, puissant et véloce, sans se préoccuper des qualités de gorge et parfois de nez. Le fox-hunting est devenu rapidement une poursuite conduite à un rythme d'enfer permettant de mettre en valeur les qualités de cavalier des chasseurs, mais assez éloignée de la vénerie pratiquée en France.

Heureusement, le beagle a continué d'être utilisé par des petits propriétaires et des fermiers, en Angleterre, au Pays de Galles et en Irlande. Citons deux noms très importants dans la sélection : le révérend Philipp Honeywood, qui vivait au milieu du XVIIIe siècle dans l'Essex (à l'est de Londres) et passe pour le créateur du beagle moderne, bien qu'il ne se soit nullement attaché à l'aspect de ses chiens mais exclusivement aux qualités de chasse. Un peu plus tard, Thomas Johnson, en partant de la lignée d'Honeywood, s'est penché sur les caractéristiques physiques tout en conservant ses aptitudes.

Un peu avant 1800, Thomas Bewick dans son *Histoire générale des quadrupèdes* a donné une première description du beagle. Il s'écoulera un siècle pour que la race soit bien fixée : le standard du beagle date de 1896.

Le National Beagle Club a été fondé en 1888 et s'est attaché à rester dans le cadre cynophile mis en place par le Kennel Club anglais (l'équivalent de la Société centrale canine française mais fondé bien antérieurement, en 1873). Il a

Le beagle en chiffres

Depuis de nombreuses années, le beagle domine de la tête et des épaules le groupe 6 des chiens courants dans l'Hexagone. En 2006 par exemple, le beagle a enregistré 2 723 inscriptions au Livre des origines français (LOF) alors que ses suivants – si l'on met à part des races principalement ou totalement destinées à la compagnie, comme le basset-hound et le dalmatien – n'en n'avaient que 741 pour le basset fauve de Bretagne et 728 pour le griffon bleu de Gascogne.

On note aussi que, dans un contexte de baisse générale des inscriptions LOF, le beagle est l'une des rares races à conforter ses effectifs en 2006. La SCC avait en effet enregistré 2 449 inscriptions de beagle en 2005, 2 340 en 2004 et 2 451 en 2003. Voilà qui place le beagle parmi les vingt races les plus populaires en France, et parmi les trois ou quatre races premières utilisées à la chasse.

De nombreux possesseurs de beagle font l'effort de faire confirmer leur chien : ils ont été 1 018 en 2005 et 868 en 2005, soit un taux de confirmation de 35 à plus de 40 %, plus qu'honorable dans le groupe 6 des chiens courants. Remarquons que, pendant cette période 2005-2006, 28 reproducteurs ont été confirmés au titre de l'importation, 38 à titre initial – c'est-à-dire sans généalogie officiellement connue. Le livre d'origine du beagle étant « ouvert », il est en effet possible d'accorder un pedigree définitif à des spécimens suffisamment typés et aux aptitudes pour la chasse reconnues malgré une ascendance incomplète ou absente, ce qui permet ainsi à la sélection de « récupérer » des chiens de qualité.

On peut penser que la population LOF du beagle dépasse les 20 000 individus.

mis en place, 2 ans plus tard, le First National Field Trial. À la même époque, des maîtres d'équipage ont créé l'Association of Masters of Harriers and Beagles, complètement indépendante du Kennel Club. Depuis, la race est dirigée par ces deux instances.

Une vocation de compagnie tardive

La vocation du beagle en tant que chien de compagnie ou d'exposition ne s'est exprimée que tardivement dans son pays d'origine. En 1950, les registres du Kennel Club n'avaient enregistré que 64 beagles. Cinq ans plus tard, ils étaient 200. Dès lors, les inscriptions ont explosé : 1 519 naissances en 1960 et 3 979 en 1969.

Le beagle s'est répandu très vite aux États-Unis. La même année que la création de l'American Kennel Club, en 1884, s'est fondé l'American English Beagle Club. Mais les premiers beagles avaient été importés outre-Atlantique dès les années 1860 par le général Rowlet qui chassait dans l'Illinois.

Depuis, il est devenu le très populaire Snoopy dog – du nom d'un chien de bande dessinée créé par Charles Schulz en 1950 et qui a connu un immense succès à partir des années

Ses « cousins »

Le beagle harrier. Bien qu'issu des deux races britanniques dont il porte le nom, il s'agit d'une race créée par les veneurs français. Son origine se situe à la fin du XIXe siècle, lorsque le baron Gérard croisa le beagle et le harrier non sans un apport de briquet du sud-ouest de la France. Cette race a été reconnue en 1925 en France, puis en 1974 par la Fédération cynologique internationale. Son renouveau dans les années 1970 et 1980 s'est établi avec l'aide du professeur Théret de l'École vétérinaire de Maisons-Alfort pour fixer un type stable moins puissant que le harrier mais plus distingué. Son standard a été précisé en 1987.
D'une taille oscillant entre 45 à 50 cm au garrot, il se caractérise en particulier par son oreille attachée plus bas et tournant légèrement à l'extrémité.
Le beagle harrier, très adapté à la chasse à tir du chevreuil, peut traquer tous les gibiers (lièvre, renard et sanglier). Aujourd'hui, il est parmi les plus répandus des courants de taille moyenne, avec plus de 500 inscriptions annuelles au Livre des origines français.

Le harrier. C'est un chien d'ordre très réputé pour le lièvre. Bâti en « hunter » cheval de chasse très robuste mais rapide, il toise de 48 à 53 cm au garrot, avec une tolérance de plus 2 cm pour des sujets par ailleurs exceptionnels. Un peu moins puissant que le foxhound, son caractère assez mordant est apprécié des louvetiers, pour la régulation du renard et du sanglier. Il est aussi adapté aux territoires difficiles. Il chasse le renard, le sanglier et le chevreuil. Le nombre de ses inscriptions au Livre des origines français ces dernières années est devenu très modeste : 28 en 2006, 22 en 2005 et 32 en 2004.

1960. Le standard américain prévoit deux tailles : moins de 13 pouces, soit moins de 33 cm, et de 13 à 15 pouces (de 33 à 38 cm) plus proche du standard britannique. Remarquons encore que les éleveurs américains attachent davantage d'importance aux couleurs de robe et à leur diversité, en s'appuyant sur la notion du standard autorisant « toute couleur reconnue pour les courants autres que foie ». Bien que la population vouée à la compagnie et aux *shows* (expositions) soit très importante, c'est la plus nombreuse au monde, les chasseurs américains continuent à beaucoup l'apprécier.

Depuis tous les pays de langue anglaise (Australie, Nouvelle-Zélande, Afrique du Sud), ainsi que les pays nordiques, ont fait une place de choix au beagle, mais souvent davantage comme chien de compagnie que comme chasseur.

Adopté par les veneurs français depuis plus d'un siècle

Et en France ? À l'instar d'autres chiens courants anglais comme le foxhound, il a débarqué à partir du Second Empire, bien que l'on cite sa présence au moment de la Révolution sur la côte normande. Un des premiers passionnés fut Paul Caillard qui, au tournant du XXe siècle, l'intégra au chenil de Boissières pour chasser le lièvre. Grâce à son format réduit allié à ses qualités physiques et de gorge, son tempérament, son nez, il s'est rapidement imposé dans le monde parmi les veneurs. En 1921, le Club français du beagle a vu le jour.

En 1950, alors que la race prenait un essor remarquable dans l'Hexagone, les responsables français ont rédigé un standard prévoyant deux tailles : le petit toisant de 33 à 36 cm, le grand de 37 à 42 cm. En 1972, la Société centrale canine a supprimé cette séparation en deux tailles. Depuis 1987, le texte officiel britannique a été définitivement adopté.

Le standard du beagle

Le standard est un document officiel qui sert de référence au club de la race, aux juges de beauté et de travail ainsi qu'aux éleveurs pour guider la sélection et l'élevage. Il s'agit de la description du sujet idéal, qui n'existe évidemment pas. En vertu d'accords entre le Kennel Club britannique et la Fédération cynologique internationale, les standards des races sont reconnus par ces deux instances. Notons que le Kennel Club américain fait cavalier seul : son standard du beagle est légèrement différent du standard anglais – qui fait pourtant référence dans l'immense majorité des pays –, notamment parce qu'il prévoit deux tailles, un beagle miniature de moins de 33 cm au garrot et un beagle standard, de 33 à 38 cm.

Pourquoi un standard ?

Le standard décrit le plus précisément possible toutes les caractéristiques propres à la race, globalement et pour chaque partie du corps. En général, cette description ne se fonde pas sur la comparaison avec des races voisines.

Il existe deux grandes écoles pour la conception de ces standards. Le point de vue de la Fédération cynologique internationale, largement influencé par les standards français, se veut le plus précis, voire le plus scientifique possible. Il mentionne les proportions importantes. Il consacre des paragraphes à l'aspect général, au comportement, parfois à l'historique. Il comprend une liste complète de défauts, mineurs, graves et éliminatoires.

L'école britannique propose des standards nettement plus courts, moins précis ou plus impressionnistes. Les paragraphes généraux sont très succincts, on trouve un minimum de mesures et de proportions. En ce qui concerne les défauts, les standards anglais se contentent de mentionner : « Tout écart par rapport à ce qui précède doit être considéré comme un défaut qui sera pénalisé en fonction de sa gravité. » Ils permettent plus facilement à la race d'évoluer sans que l'on révise les termes de la

Standard du beagle

Standard FCI N° 161 / 24.07.2000 / F

Traduction : Professeur R. Triquet.

Origine : Grande-Bretagne.

Date de publication du standard d'origine en vigueur : 24.06.1987.

Utilisation : Chien courant.

Classification FCI : Groupe 6 Chiens courants, chiens de recherche au sang et races apparentées. Section 1.3 Chiens courants de petite taille. Avec épreuve de travail.

NDLR : la mention « avec épreuve de travail » signifie que l'obtention d'un titre de champion de conformité au standard (plus couramment dénommé champion de beauté) est subordonné à un résultat de travail.

description officielle – il ne faut pas oublier que toutes les races évoluent dans le temps, en dépit de tous les efforts pour les maintenir dans leur aspect d'origine.

Les standards sont rédigés par le club officiel du pays d'où est originaire la race. Lui seul, avec la fédération dont il dépend, peut lui apporter des modifications. Pour le beagle, né en Grande-Bretagne, le standard en vigueur dépend du Kennel Club britannique, l'équivalent de la Société centrale canine française.

Les standards comportent des expressions et des termes de jargon cynophiles quelquefois peu compréhensibles. Certains font partie du vocabulaire hippologique, la cynophilie ayant pris pour modèle, à l'origine, la sélection des chevaux de race.

> Aspect général et comportement

C'est un chien courant vigoureux, compact dans sa construction, donnant une impression de distinction dénuée de tout trait grossier. De caractère gai, sa fonction essentielle est la chasse à courre, du lièvre en priorité, en suivant une voie. Hardi, doué d'une grande activité, d'énergie et de détermination, vif, intelligent et d'un tempérament égal. Aimable et éveillé, il ne montre ni agressivité ni timidité.

• La tête

De bonne longueur, la tête du beagle est puissante sans être grossière, plus fine chez la femelle, sans ride ni froncement. Le crâne est légèrement en dôme, de largeur modérée, avec une légère crête occipitale. Le stop, bien marqué, divise la tête dans sa longueur entre l'occiput et l'extrémité de la truffe de façon aussi égale que possible.

La truffe est large, de préférence noire mais une pigmentation moindre est admise chez les chiens à robe plus claire. Les narines sont bien ouvertes. Le museau n'est pas en sifflet.

Les lèvres sont raisonnablement bien descendues.

Les mâchoires doivent être fortes et présenter un articulé en ciseaux parfait, régulier et complet, c'est-à-dire que les incisives supérieures recouvrent les inférieures dans un contact étroit et sont implantées à l'aplomb des mâchoires.

Les yeux, brun foncé ou noisette, assez grands, ni profondément enfoncés dans les orbites ni proéminents, bien écartés, ont une expression douce et attachante.

Les oreilles sont longues, leur extrémité est arrondie. Lorsqu'on les étire, elles atteignent presque l'extrémité du nez. Elles sont attachées bas, leur texture est fine et elles pendent gracieusement contre les joues.

• Le cou

Le cou est de longueur suffisante pour permettre au chien de mettre aisément le nez au

Petit glossaire pour comprendre le standard

Museau en sifflet : museau pointu.

Articulé en ciseaux : les dents de devant (incisives) de la mâchoire supérieure recouvrent celles de la mâchoire inférieure tout en restant en contact étroit ; l'articulé en ciseaux s'oppose à l'articulé en pince, où l'extrémité des incisives se touche, et au prognathisme, où les incisives inférieures débordent des supérieures comme chez le bulldog. L'articulé en ciseaux est l'articulé normal chez le chien.

Queue espiée : queue garnie de poils plus longs et grossiers que sur le reste de la robe, formant un épi, très fréquente chez les chiens courants.

Omoplates obliques : les omoplates placées bien en arrière du garrot indiquent une articulation du membre antérieur permettant une grande amplitude du mouvement.

Métacarpe court : le métacarpe chez le chien correspond à l'articulation de la paume de la main chez l'homme, comprise entre les doigts et le poignet. Un métacarpe court est un indice de robustesse.

Grasset bien angulé : le grasset correspond chez le chien à l'articulation du genou, juste après la cuisse, il est dit « bien angulé » quand il forme un angle bien visible, pas trop ouvert, permettant une forte impulsion du membre postérieur.

Pieds de lièvre : les pieds de lièvre ont des doigts allongés. Chez la plupart des chiens, on préfère des doigts compacts et ronds, très cambrés, dits « de chat », aux doigts allongés, appelés parfois pieds plats.

Rouler dans les allures : mouvement provoquant une sorte de déhanchement, fréquent et normal chez les molosses, peu apprécié chez la plupart des autres chiens dont le mouvement doit rester bien en ligne.

sol, légèrement incurvé, il présente peu de fanon.

• Le corps

La ligne du dessus est droite et de niveau. Le rein est court mais l'ensemble reste bien proportionné. Il est puissant et souple. La poitrine descend sous le coude. Les côtes, bien cintrées, s'étendent bien en arrière. Le ventre n'est pas exagérément relevé.

• La queue

La queue est forte, de longueur modérée. Attachée haut, elle est portée gaiement mais pas enroulée au-dessus du dos ni inclinée vers l'avant à partir de sa naissance. Elle est bien couverte de poil, surtout sur la partie inférieure (espié).

• Les membres

Les membres antérieurs sont droits et d'aplomb, bien placés sous le corps. La substance est bonne et l'ossature est ronde. Le membre ne s'amincit pas en fuseau vers le pied. Les omoplates sont bien obliques et non chargées. Les coudes, solides, ne tournent ni en dehors ni en dedans. La hauteur du coude au sol est à peu près la moitié de la hauteur au garrot. Le métacarpe est court.

En ce qui concerne les membres postérieurs, les cuisses sont musclées, les grassets bien

angulés. Les jarrets sont fermes, bien descendus, parallèles.

Les pieds sont serrés et fermes, pourvus de bonnes jointures et de coussinets solides. Les pieds de lièvre sont prohibés. Les ongles sont courts.

• Les allures

Le dos est horizontal, ferme. Le chien ne roule pas dans les allures. Le pas est sans contrainte avec beaucoup d'allonge des antérieurs, et droit devant, sans allure relevée, les membres postérieurs donnant l'impulsion. En action, le chien ne doit pas être serré derrière ni faucher ou tricoter devant.

• La robe

Le poil est court, dense et résistant aux intempéries.

Couleur : toute couleur reconnue pour les courants autres que foie. L'extrémité de la queue est blanche.

• La taille

La hauteur au garrot minimum souhaitable est de 33 cm, le maximum souhaitable est de 40 cm.

Défauts

Tout écart par rapport à ce qui précède doit être considéré comme un défaut qui sera pénalisé en fonction de sa gravité.

N.B. : Les mâles doivent avoir deux testicules d'aspect normal complètement descendus dans le scrotum.

Le caractère du beagle

Le beagle, de taille modérée, possède un tempérament très affirmé, mais très attachant et confiant, dû aux tâches difficiles qui lui sont imparties. Comme chez beaucoup de races de petite taille, le beagle compense par un surcroît de pugnacité la modestie de son physique. Ainsi que tout chien courant, sa sociabilité envers l'homme et ses congénères ne peut être prise en défaut. Auxiliaire du chasseur avant tout, son format et son caractère lui permettent de faire un compagnon très attachant à la maison. Il peut vivre en milieu citadin si ses maîtres s'attachent à lui donner suffisamment d'exercice.

Chien de chasse

> Très énergique et hardi

Carré de proportions, le beagle l'est aussi de caractère. Comme c'est souvent le cas pour les petits plus petits que la moyenne, il compense par un surcroît de punch. Sur le terrain, il se révèle plein d'énergie et de détermination. Très robuste, il possède vitesse et endurance.

Ce chien très vivant nécessite un peu de fermeté surtout dans le jeune âge de façon à lui inculquer de bonnes habitudes et à l'empêcher d'en prendre de mauvaises en débutant l'éducation trop tardivement. À savoir aussi, il s'intéresse très vite aux émanations de la faune sauvage et peut se déclarer très vite.

Il convient à de nombreux chasseurs dans quelque région qu'ils soient établis. Il est facile à dresser et à mettre sur tous gibiers. Il faut cependant montrer de la fermeté dès le départ et lui inculquer un minimum de discipline pour l'avoir en mains. Très équilibré et sûr de lui, il n'est ni timide ni craintif pas plus qu'agressif, ce qui est fort appréciable quand on chasse à plusieurs. Il n'y a nulle crainte à avoir de casser son caractère car il est exempt de nervosisme.

> Polyvalent

Chien de grand caractère, il peut chasser dans les conditions les plus diverses. Et pas seulement comme chien courant : il existe des gravures anglaises de chasse aux faisans du XIXe siècle qui le montrent en train de bourrer. On peut l'employer dans la chasse devant soi, comme auxiliaire du chasseur solitaire où il lève le gibier à poil ou à plumes qui se présente.

Mais là n'est pas sa destination bien entendu. Il a été créé pour le courre du lièvre, spécialité qui se nomme en anglais *beagling*. Il est toujours présent comme chien d'ordre dans un certain nombre de meutes.

Mais c'est surtout dans la chasse à tir du lièvre, en petites meutes, en couples ou en solo, que le gros des effectifs de la race est employé. Dans les régions où les lapins sont encore suffisamment nombreux, le beagle est un des chiens courants les plus utilisés.

Ses talents ne se limitent pas aux petits animaux. Dans de nombreuses contrées, le chevreuil est devenu endémique. Le beagle peut le chasser en plaine comme dans les bosquets et les bois où il se croit en sécurité. Signalons qu'avec lui on ne craindra pas la prise par les chiens d'un chevreuil qui reste prisonnier d'un roncier où il a cru trouver refuge, spectacle toujours pénible.

On connaît moins ses capacités face au sanglier, autre gibier très présent sur de nombreux territoires. Très hardi et pugnace, il a suffisamment de présence pour ne pas être souvent blessé. Bien qu'on le voie peu dans cette spécialité dans les concours spécialisés, le beagle est néanmoins présent sur le terrain.

En fin de compte, on l'emploie différemment selon les régions : en Bretagne, il chasse souvent le lapin ainsi que le renard, dans le Sud-Ouest on le met plutôt sur le chevreuil, dans les Charentes, c'est le lièvre. Dans le Midi, il chasse le lapin mais aussi le sanglier. Les populations de lièvres étant actuellement en nette augmentation, en raison d'une meilleure gestion (et de la diminution des pesticides dans les cultures), de nombreux équipages se sont constitués ces dernières années pour chasser ce gibier.

Pour mémoire, signalons qu'aux États-Unis on l'utilise surtout dans la chasse au raton-laveur et au renard.

> Bien gorgé et fin de nez

Il ne manque pas de races de chiens courants de taille moyenne à petite en France, et pourtant, dans ce milieu pétri de traditions, le beagle s'est imposé en devenant le chien courant le plus répandu, et de loin, dans l'Hexagone.

Ses qualités athlétiques n'expliquent qu'en partie ce succès. C'est que contrairement à d'autres chiens britanniques, il a gardé d'in-

contestables qualités de gorge. Il est important qu'un chien courant puisse faire savoir l'évolution de sa menée au chasseur à travers bois et champs, derrière les haies. Il correspond de ce fait parfaitement aux chasseurs français qui accordent une grande attention aux qualités de voix de leurs chiens: le beagle a toujours échappé à la critique qu'ils faisaient aux chiens anglais à ce sujet.

Sa finesse de flair est également à l'abri de tout reproche. La voix, le nez et des qualités physiques insoupçonnées chez un chien de cette taille, que lui demander de plus?

> Tous terrains

Son poil est court, mais épais, et de fait il ne rechigne pas à pénétrer dans les couverts les plus épais. Il réussit bien dans les terrains difficiles. D'ailleurs, il est réputé et répandu dans les régions les plus diverses, des bocages de l'Ouest aux garrigues du Midi, où les chiens doivent faire preuve d'un nez exceptionnel sous un soleil de plomb. Il résiste aussi bien à la chaleur qu'au froid et à l'humidité. Il chasse avec succès de l'Australie à la Suède. Il n'est guère peut-être que dans les terrains très montagneux et accidentés qu'il montrerait certaines limites. Notons aussi qu'il s'est imposé, d'abord au XIXe siècle, parmi les veneurs parce qu'il avait démontré ses capacités à suivre le train soutenu des chasses à courre et qu'aujourd'hui encore certains équipages continuent de lui faire confiance.

Chien de compagnie

> Un vrai pitre

Très éveillé, curieux, observateur, il peuple à lui tout seul la plus vaste demeure. Il ne faut pas se laisser abuser par son regard tendre. Il montre beaucoup d'enthousiasme et de vivacité quelles que soient les circonstances. Un peu têtu, il sait obtenir ce qu'il veut surtout s'il devine un manque d'autorité. Comme chien de compagnie plus encore qu'entre les mains d'un chasseur, le beagle a besoin de discipline pour ne pas devenir capricieux ou exigeant. Il s'agit de s'y prendre dès son arrivée à la maison.

S'il sent de la fermeté chez ses maîtres, il obéit sans difficulté, ne se montrant ni jaloux ni exclusif. Il n'est pas boudeur, mais témoigne au contraire d'une constante bonne humeur.

Il adore les sorties en pleine nature. Remarquons qu'il sait très bien tirer profit d'éventuels désaccords sur l'éducation de la part des différents membres de la famille et très bien obtenir ce qu'il veut de chacun. Cependant, il ne faut pas cacher qu'il peut se montrer indépendant, aussi une éducation au rappel est-elle indispensable s'il vit à la campagne.

Malgré une nature plutôt remuante, convenant *a priori* à des familles actives, des exemples nous ont montré qu'il sait s'adapter à des personnes seules ou relativement âgées.

Les Anglais l'ont surnommé le *singing beagle,* beagle chanteur. À la maison pourtant, il n'est pas plus bavard qu'un autre et de toute façon un peu d'éducation en viendrait facilement à bout. Il peut devenir aboyeur s'il vit en compagnie d'un autre chien porté à avertir des visites par exemple. Mais juste par esprit d'imitation car il n'a aucun instinct de garde et sait accueillir amicalement tous les invités.

> Sportif et gourmand

Ce petit athlète extrêmement robuste et résistant est le parfait compagnon d'un maître sportif qui peut l'emmener partout. Il est d'une absolue rusticité en dépit de son poil court – qui a l'avantage de ne requérir qu'un minimum d'entretien. Il peut suivre le train soutenu d'un joggeur confirmé tout autant que celui d'un adepte de VTT ou d'un amateur de longues randonnées. C'est sans doute le plus endurant de tous les chiens de petit format, capable aussi d'une grande vitesse.

S'il reste à la maison, il lui faut pouvoir se défouler régulièrement dans deux longues sorties chaque jour. Une vie trop sédentaire ne lui convient guère.

Plein de vie et d'influx, il se montre souvent gourmand. Le manque d'activité le conduit souvent à se montrer goinfre. Pour éviter l'embonpoint qui le guette, il lui faut de l'activité

physique, mais aussi un régime alimentaire raisonnable. Il n'est pas difficile et tout lui convient, croquettes, boîtes ou alimentation « ménagère ». Il s'agit seulement d'adapter les quantités à son niveau de dépense physique.

> Grand ami des enfants

Comme on peut facilement le comprendre, c'est un compagnon parfait avec les enfants petits et grands. Du fait de son enthousiasme, il n'est pas trop adapté avec de tout jeunes bambins, alors qu'il s'entendra à merveille avec des enfants d'âge scolaire. Ceux-ci n'auront jamais à craindre de réaction d'agressivité ou de brutalité, en même temps qu'ils apprécieront son tempérament joueur toujours aimable. Il acceptera aussi tous les amis des enfants de la famille. Si le chien a été éduqué, ils pourront même le promener en laisse.

> Chien citadin

Contrairement à ce que l'on pourrait penser de la part d'un chasseur passionné, le beagle s'adapte parfaitement à la vie en ville et à l'appartement. N'oublions pas que si, en France, ses effectifs sont en majorité employés à la chasse, dans de nombreux pays il a surtout une vocation de compagnie. D'une certaine manière, il convient mieux comme compagnon citadin que comme chien de campagne non-chasseur, dont l'instinct cynégétique est soumis à la tentation de suivre une piste si la clôture de la propriété n'est pas sans défaut – à moins que ce ne soit l'instinct génésique qui le pousse à vaquer.

Avec les autres animaux

Extrêmement sociable, il s'entend très bien avec les autres chiens, que ce soit ceux de la maison ou ceux croisés en promenade. Avec lui, on ne rencontrera jamais de souci de cohabitation. C'est un chien de meute par nature qui supporte bien la vie en chenil avec ses congénères.

Mâle ou femelle ?

Il n'existe pas de différence marquée entre mâle et femelle dans la race beagle, tant pour le physique que pour le caractère, comme dans les races destinées à la garde par exemple. Le choix du sexe dépend de l'emploi que l'on compte faire du beagle.

Pour le chasseur, il est indéniable que la chienne représente un inconvénient, qu'il ne faut cependant pas exagérer. Sans aucun doute, elle est indisponible pour la chasse pendant les deux périodes de chaleurs annuelles, qui durent 3 semaines à chaque fois – elle serait assaillie de partenaires qui n'auraient alors plus aucun goût pour la chasse. Mais de nombreux chasseurs possèdent des chiennes. Celles-ci permettent aussi de renouveler ou de compléter leur meute.

Comme chien de compagnie, les avantages et les inconvénients que représentent une femelle ou un mâle sont équilibrés. À la campagne, un mâle risque facilement de fuguer pour rejoindre la compagne de ses rêves, surtout s'il a déjà eu l'expérience de la saillie, il profitera de la moindre occasion ou inattention pour vivre sa vie. Les contraintes liées à la chienne sont limitées à deux fois trois semaines par an.

Il n'a pas peur non plus des autres animaux. Quant aux chats et autres petits animaux de compagnie, il devra y avoir été habitué d'emblée il ne faut pas oublier son instinct de prédateur qui aura tendance à se réveiller quand il verra le chat détaler devant son nez.

L'ACQUISITION DU BEAGLE

Un beagle s'achète chez un chasseur. Le critère déterminant n'est pas forcément qu'il soit éleveur particulier ou professionnel. Mais qu'il soit l'un ou l'autre, ce doit être mentionné sur l'annonce. Enfin, l'achat d'un chiot se décide en se rendant sur place, pour pouvoir discuter avec le vendeur, se rendre compte de la qualité de ses installations et pouvoir choisir le compagnon avec lequel on va passer une bonne dizaine d'années.

Parmi les vendeurs, entre le vrai particulier qui a fait faire une portée à sa chienne et le professionnel ayant pignon sur rue et proposant plusieurs races (pas trop tout de même, sinon il faut se demander si la dénomination d'éleveur ne cache pas un revendeur), toutes les situations existent. Il est souvent préférable de choisir un véritable éleveur, sans chercher à se demander s'il est amateur ou s'il vit de l'activité d'élevage, mais qui s'avère dans tous les cas un vrai passionné de la race qu'il propose. Un vrai passionné ne cherche pas d'emblée à vendre ses chiots, il veut savoir où ils vont et si ses acquéreurs sauront s'en occuper.

La vente des chiens, quel que soit le statut du vendeur, obéit à des règles aujourd'hui très strictes, qui visent à protéger l'acheteur, le plus souvent moins compétent que le vendeur : on n'achète un chien que tous les 10 ans et, dans l'intervalle, on a oublié les modalités de vente et les détails du contrat signé entre les parties.

Un contrat toujours obligatoire

Car la cession d'un chiot ou d'un adulte, de race ou pas, vendu ou cédé gratuitement fait toujours l'objet d'un véritable contrat matérialisé par une attestation de vente, obligatoire dans tous les cas. En dépit des précautions prises par le législateur, il faut veiller à certains points, qui sont autant de pièges si malheureusement l'achat ne donne pas satisfaction. Ce n'est pas si fréquent, mais un chien n'est pas comme un produit ménager par exemple qu'on peut retourner au magasin ou échanger s'il ne donne pas satisfaction.

Cette attestation doit mentionner le nom du chien, sa race, sa date de naissance et son numéro d'identification, qu'il s'agisse de tatouage, le cas le plus courant aujourd'hui encore, ou d'une puce électronique. Cette identification est obligatoire, la carte de tatouage ne doit pas présenter de ratures ou de surcharges.

Toujours parmi les mentions légales et obligées : la date où la vente a été conclue (par un versement en cas de réservation) et, si elle est différente, la date de livraison. Le prix de l'animal doit aussi être indiqué. Il ne peut pas être prévu un prix avec « papiers » et un autre, inférieur, sans les papiers attestant de la race. L'inscription au Livre des origines français (LOF) est nominative et ne peut pas servir à plusieurs chiots !

Enfin, le nom et l'adresse du vétérinaire du vendeur ainsi que celui de l'acheteur doivent y figurer. On voit bien que l'acheteur a tout intérêt à s'enquérir, avant d'acheter son chien, du vétérinaire chez lequel il va le faire suivre. En cas de litige lié à une maladie, si l'on n'a pas

pris cette précaution, il faudra se rendre chez le vétérinaire du vendeur. Si ce dernier se trouve à quelques centaines de kilomètres, on hésitera à solliciter son avis.

Mention LOF : « garantie » de race

En outre, si le chien est de race, ce dont le futur acquéreur a pu s'assurer par la mention « LOF » ou « non LOF » devant obligatoirement figurer dans toute annonce (avec le numéro de Siret du professionnel ou le numéro de tatouage de la mère s'il s'agit d'un particulier), le vendeur doit délivrer un certificat de naissance émanant de la Société centrale canine (SCC).

Ce dernier (dénommé aussi attestation de vente) vaut certificat de garantie. Bien sûr, un chien n'est pas une chose, une mécanique pour laquelle il n'est que d'appuyer sur le bon bouton pour qu'elle fonctionne. Le caractère et les aptitudes d'un chien dépendent largement de l'environnement, même si la génétique intervient. Elle est loin de tout expliquer.

Les maladies garanties par le vendeur

> La garantie légale des vices rédhibitoires

Ce qui est garanti est précisément listé par la loi : à savoir la maladie de Carré, la maladie de Rubarth (hépatite contagieuse), la parvovirose, l'ectopie testiculaire d'ailleurs rare chez le beagle (un testicule ou les deux non descendus dans les bourses pour les chiens de plus 6 mois) et la dysplasie coxo-fémorale – qui est aussi une affection présente chez le beagle. La loi prévoit un délai de suspicion, de 5 jours pour la parvovirose, de 6 jours pour l'hépatite contagieuse et de 8 jours pour la maladie de Carré, le délai de carence, au-delà duquel on ne peut plus se retourner contre le vendeur, étant de 30 jours. On mesure là l'intérêt d'avoir mentionné le nom de son vétérinaire sur le contrat de vente !

Si le chiot ou le chien est atteint de l'un de ces vices rédhibitoires, il faut intenter une procédure auprès du tribunal d'instance du lieu du vendeur. Ce n'est pas excessivement compliqué, mais il faut s'assurer de préférence le conseil d'un avocat. Et même si les tribunaux examinent généralement très favorablement les plaintes des acheteurs, considérés comme non spécialistes, il peut être préférable de rechercher un règlement amiable.

Très généralement, le chiot est livré muni d'un certificat de vaccination, qui n'est pas obligatoire. Même si ce document comprend des renseignements précis (nom du chiot, nom de la race) et qu'il est signé du vétérinaire, il ne constitue aucunement un document de vente pas plus qu'une indication suffisante de l'appartenance à une race.

L'éleveur peut accorder des facilités de paiement, mais aussi une livraison gratuite par exemple. Il faut s'assurer qu'il ne s'agit pas de pousser à la vente ou à la réservation ferme d'un chien. Il est préférable de choisir son chiot sur place, en suivant les conseils de l'éleveur bien entendu. En outre, cet achat à l'élevage est l'occasion de voir la mère – pas toujours l'étalon qui peut provenir de l'extérieur – et de voir les conditions d'élevage, ainsi que des adultes: ce qui permet d'avoir une idée de ce que va devenir le chiot.

> Les critères de choix

Les critères pour choisir un chiot ne concernent pratiquement pas sa qualité au point de vue de sa race. Seul un spécialiste – un éleveur connaissant la race – peut se faire une bonne idée à ce sujet. L'acquéreur doit essentiellement se fier à l'apparence de bonne santé et au comportement.

Un chiot doit être en bon état, présenter un poil brillant, ne pas avoir le nez qui coule, les yeux rougis ou larmoyants, ni le ventre ballonné. Son comportement doit être bien observé. C'est le chiot bien sociable qui doit retenir l'attention. Sociable avec ses congénères tout d'abord. S'il y a un ou des adultes, il ne doit pas les fuir, mais faire acte de soumission, c'est le signe qu'il est bien socialisé avec les chiens, ce qui est tout de même essentiel pour un chien de chasse ; qu'il soit destiné à vivre en meute ou pas, il devra côtoyer les chiens des autres chasseurs. Il doit aussi avoir une relation confiante avec son soigneur, surtout ne pas se montrer timide. Enfin, il ne doit pas fuir les visiteurs. La méfiance ne fait pas partie du comportement du beagle.

> Refuser le chiot timide

Méfiance et timidité nettes peuvent être le signe de ce qu'on appelait autrefois « timidité des chenils ». Il s'agit d'un défaut d'éducation dû à l'éleveur, qui a négligé d'habituer ses élèves à l'environnement humain, c'est-à-dire différentes personnes autres que lui, mais aussi le bruit des voitures par exemple. Si le puppy est âgé de plus de 3 mois, cette timidité maladive est irréversible. Cela peut paraître moins important pour un chien courant destiné à vivre en chenil. C'est tout de même très ennuyeux de voir son chien paniquer lors d'une journée de chasse, panique qui peut l'amener à fuguer ou à refuser de revenir au rappel, au risque de ridiculiser son maître devant ses amis.

L'arrivée du chiot à la maison

Le premier voyage en voiture peut s'avérer important pour l'avenir. Le chien de chasse doit être habitué à voyager en voiture, à monter sans appréhension dans une auto ou une remorque. Un chiot qui vit très mal son premier trajet automobile peut ensuite avoir du mal à s'y faire. Certains éleveurs sont conscients de ce problème et administrent au chiot un calmant. Il peut être intéressant que le conducteur, qui est généralement le futur maître, soit à même de céder le volant au retour pour s'occuper du chiot et établir un premier lien de complicité.

L'arrivée à la maison est souvent décrite comme capitale pour la suite. C'est sans doute moins vrai pour le chien courant vivant en chenil avec des congénères. Mais bien des chiens courants sont destinés à partager la vie de famille. Dans ce cas, le chiot teste son maître, notamment par ses pleurnichements. Du moment que le chiot a été bien installé, qu'il a tout ce qu'il faut, il n'y a pas de raison de céder au moindre de ses gémissements.

Enfin, le nouveau maître doit se rendre au plus vite chez son vétérinaire, pour bénéficier de ses conseils et avoir un diagnostic précis sur l'état du chiot et sa croissance.

Dans la plupart des cas, l'acquisition d'un chiot ne cause pas de soucis, il ne s'agit pas de montrer excessivement suspicieux. Il ne faut pas non plus se montrer naïf ou trop impatient d'avoir au plus vite le chien de ses rêves !

Les papiers du beagle

Quatre documents officiels accompagnent l'acquisition du beagle : l'attestation de vente (ou de cession), le certificat de naissance, la carte d'identification et le carnet de vaccination.

L'attestation de vente

Elle n'est plus obligatoire actuellement, mais la loi Nallet du 22 juin 1989 précise la nécessité de rédiger un contrat de vente entre le vendeur et l'acquéreur qui prouve la validité de la transaction. L'attestation de vente précise les conditions dans lesquelles s'est faite cette transaction, à savoir : les coordonnées du vendeur et de l'acheteur, les coordonnées du vétérinaire du vendeur et celle du vétérinaire de l'acheteur (il faut donc penser à se munir de celles-ci avant de se rendre à l'élevage), l'identification et la description du chiot, le prix et les modalités de paiement, les dates de vente et de livraison. À ce sujet, il faut noter que c'est la date de livraison qui sert de point de départ lorsqu'un recours s'avère nécessaire. Par exemple si le chiot semble affecté de vices rédhibitoires, dont la liste est précisément fixée par la loi et qui doivent être détectés dans un délai précisé par la loi.

Le numéro d'inscription au Livre des origines français (LOF) de la Société centrale canine (SCC) ne figure pas toujours sur cette attestation de vente. Il ne faut pas y voir forcément une arnaque. Il se peut que l'éleveur n'ait pas encore reçu les certificats de naissance des chiots, dans le cas d'une portée de chiots âgés de deux mois ou deux mois et demi. Dans ce cas, l'éleveur mentionne un numéro de dossier à la place du numéro d'inscription au LOF.

Enfin, l'attestation de cession précise à quoi est destiné le chiot : à la chasse, à la reproduction, aux concours. Cette destination est fonction du prix de vente, et inversement.

Le certificat de bonne santé

Ce document est établi par un vétérinaire moins de quinze jours avant la date de vente. Il s'agit d'une formalité obligatoire pour tous les éleveurs non professionnels – la loi définissant l'éleveur non professionnel comme celui qui ne produit pas plus d'une portée par an.

À noter que ce certificat de bonne santé ne concerne pas les éleveurs professionnels – produisant plus d'une portée par an – qui ne sont pas soumis à cette obligation.

La carte d'identification

Tout chiot vendu doit obligatoirement être identifié. Cela peut se faire soit par tatouage, soit par l'implantation sous la peau d'une puce électronique. La carte d'identification est remise au moment de la cession du chiot. Cette carte comporte le numéro d'identification, enregistré dans un fichier. Ce dernier est accessible aux vétérinaires, aux refuges, aux représentants des forces de l'ordre. Ainsi on peut retrouver les coordonnées du maître d'un beagle égaré…

Le certificat de naissance

C'est le document qui prouve la race du chien et précise que ses parents possèdent bien un pedigree définitif. En aucun cas, le certificat de naissance ne peut être considéré comme un pedigree, il est un certificat d'inscription provisoire au livre d'origine de sa race. Il n'est pas toujours possible pour l'éleveur de joindre ce document le jour de la cession, en particulier dans le cas de chiots âgés de moins de trois mois. Il faut tenir compte des délais demandés par la Société centrale canine pour éditer ces documents.

Le pedigree

Tout chien de race a son nom inscrit dans la section ad hoc du livre d'origine. En France,

Le nom du chiot

Chien de race, c'est-à-dire possesseur d'un certificat de naissance enregistré au Livre des origines français, il a obligatoirement un nom, choisi par l'éleveur. Ce nom commence impérativement par la lettre de l'année, comme pour tous les animaux de race. En 2007, c'était le C, en 2008 le D, etc. – les lettres K, Q, W, X, Y, Z n'étant pas employées. Ce nom est en quelque sorte le nom « officiel », l'identité de votre chiot. Bien entendu, rien ne vous empêche de lui donner le nom qui vous plaît, qui n'aura cependant pas de caractère officiel.

Certains chiens de race portent des noms « à rallonge » : il s'agit en fait du nom de l'élevage, qui permet de savoir d'où provient le chien, l'affixe. L'affixe a un petit côté noble, à particule mais il n'est pas un signe de qualité ou de prestige, sauf si l'élevage et donc son affixe sont très réputés parmi les spécialistes. L'affixe est délivré à titre international.

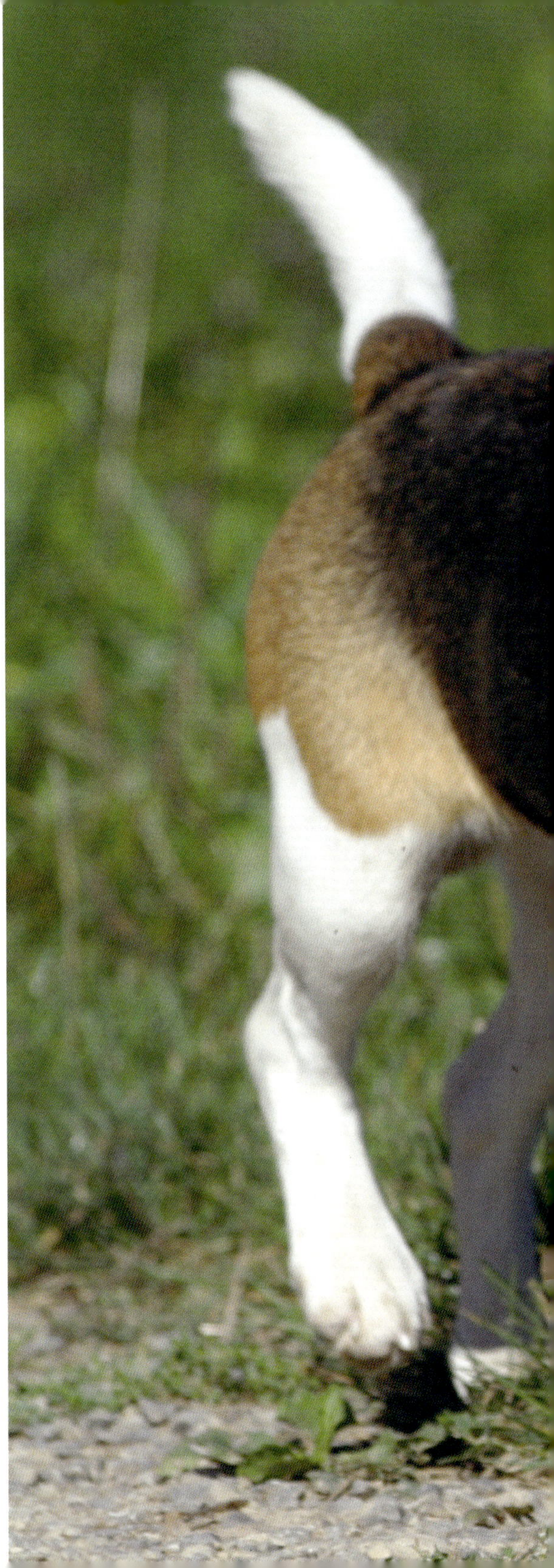

seule la Société centrale canine (SCC) a le droit de tenir le livre généalogique pour l'espèce canine. Toujours dans notre pays, cette inscription au livre d'origine se fait en deux temps. À la naissance, si le chiot est issu de parents possédant un pedigree, et sous réserve qu'une déclaration de saillie puis une déclaration de portée aient été envoyées à la SCC dans les délais, il bénéficie d'une inscription provisoire au LOF, matérialisée dans un certificat de naissance.

Pour que cette inscription devienne définitive, il faut que le chien soit examiné par un expert confirmateur ou un juge. Ce spécialiste vérifie par un examen essentiellement visuel si le chien possède les caractéristiques essentielles de sa race, définies par le club de la race dans une liste des critères de refus de confirmation déposée à la SCC. Cette expertise, autrement dite examen de confirmation, peut s'effectuer lorsque le beagle a 12 mois révolus – sans limite d'âge supérieure.

Le carnet de santé

Il s'agit d'un carnet établi par un vétérinaire qui mentionne les vaccins effectués ainsi que les dates des prochains rappels. Il doit être conservé et apporté au vétérinaire à chaque consultation. À noter que la mention de race portée sur ce carnet de santé n'atteste pas que le chiot appartient effectivement à la race.

Le document d'information

Depuis la loi du 6 janvier 1999, l'acquéreur doit obligatoirement se voir remettre une notice d'information par le vendeur. Ce document comporte de nombreux renseignements spécifiques à la race et prodigue les conseils de base au maître. Bien entendu, les éleveurs spécialistes n'ont pas attendu cette obligation nouvelle pour fournir de nombreuses recommandations et conseils à leurs acquéreurs, par exemple sous forme d'un livret.

La loi du 6 janvier 1999

La loi du 6 janvier 1999 impose dans son chapitre 2, article 16 :

« Art. 276-5.I.– Toute vente d'animaux de compagnie réalisée dans le cadre des activités prévues au IV de l'article 276-3 doit s'accompagner, au moment de la livraison à l'acquéreur, de la délivrance :

– d'une attestation de cession ;

– d'un document d'information sur les caractéristiques et les besoins de l'animal, contenant également, au besoin, des conseils d'éducation.

La facture tient lieu d'attestation de cession pour les transactions réalisées entre professionnels.

Les dispositions du présent article sont également applicables à toute cession, à titre gratuit ou onéreux, par une association de protection des animaux ou une fondation consacrée à la protection des animaux.

II.– Seuls les chiens et les chats âgés de plus de 8 semaines peuvent faire l'objet d'une cession à titre onéreux.

III.– Ne peuvent être dénommés comme chiens ou chats appartenant à une race que les chiens et les chats inscrits à un livre généalogique reconnu par le ministre de l'Agriculture.

IV.– Toute cession à titre onéreux d'un chien ou d'un chat, faite par une personne autre que celles pratiquant les activités mentionnées au IV de l'article 276-3, est subordonnée à la délivrance d'un certificat de bonne santé établi par le vétérinaire.

V.– Toute publication d'une offre de cession de chats ou de chiens, quel que soit le support utilisé, doit mentionner le numéro d'identification prévu à l'article L.324611.2 du code du Travail ou, si son auteur n'est pas soumis au respect des formalités prévues à l'article L.324.10 du même code, mentionner soit le numéro d'identification de chaque animal, soit le numéro d'identification de la femelle ayant donné naissance aux animaux, ainsi que le nombre d'animaux de la portée.

Dans cette annonce doivent figurer également l'âge des animaux et l'existence ou l'absence d'inscription de ceux-ci à un livre généalogique reconnu par le ministre de l'Agriculture. »

Bien vivre avec son beagle

Le dressage du beagle

Le dressage du jeune beagle devant vivre en meute se fait au sein de la meute, par l'exemple. Pour le chasseur n'ayant que quelques chiens, la situation est tout à fait différente. S'il peut reprendre les conseils d'éducation valables pour tous les chiens, le caractère du chien courant lui impose de travailler sur quelques aspects particuliers.

En intégrant sa meute, le jeune beagle se conforme au comportement de ses congénères. Traditionnellement, son éducation à la chasse pour le déclarer puis le créancer se fait avec un vieux chien. Cependant, beaucoup préfèrent aujourd'hui laisser les jeunes élèves entre eux, pour donner de la voix lorsqu'ils croisent la piste d'un animal. On respecte ainsi leur maturation (à 6 mois, leur croissance est loin d'être achevée), en leur évitant tout effort physique trop violent. On peut aussi mieux connaître leur tempérament et leurs qualités propres, repérer les plus doués.

Dès que le chien crie quand il flaire une piste chaude, il est déclaré et il n'est pas besoin de renouveler l'expérience: il ne faudrait pas en effet qu'il en tire la conclusion de devoir chasser de préférence tel gibier précis – ce serait un hasard extraordinaire que la première voie qu'il croise soit justement celle des animaux qu'il aura à chasser plus tard. Un chien se déclare vers l'âge de 6 à 10 mois.

Créancer le beagle

Pour créancer le beagle sur un gibier précis, il faut trouver un territoire giboyeux. Le chasseur peut avoir la tentation de l'emmener dans des quartiers où il aura le plus de chances de trouver les pistes de son gibier de prédilection. Il est pourtant intéressant de pouvoir l'arrêter quand il croise d'autres gibiers. Bien sûr, mettre le chien sur un territoire où il aurait peu de chances de lancer le bon animal et au contraire croiser plusieurs pistes où il va falloir l'arrêter pourrait avoir pour résultat de refroidir son enthousiasme.

En éducation canine, il faut tâcher de se baser sur les expériences positives, qui permettent d'encourager et de récompenser son beagle. Les expériences négatives, qui permettent au maître de monter son autorité, sont nécessaires, mais le dressage est plus facile et plus efficace en multipliant les occasions de félicitations, en se fondant sur la tendance que le chien a de faire plaisir à son maître. Un chien complice est plus maniable et plus doué que celui qui est dressé par contrainte – sur le terrain d'ailleurs, un dressage « au bouton » pour le beagle est impossible à tenir. Il faut au contraire encourager les capacités d'initiatives du chien courant. Ainsi, il ne faut arrêter un chien lancé sur une voie que si l'on est certain qu'elle n'est pas la bonne, il vaut mieux lui laisser le droit à l'erreur plutôt que de le tromper, le chien courant comme tous les chiens est très sensible à la justice.

Déclarer un chien, le créancer demande en principe de disposer d'un vaste enclos. D'un point de vue légal, notons que la conduite de

chiens de chasse est un acte de chasse, même sans tir et justifie le port d'un permis en cours de validité. De l'avis de beaucoup de spécialistes, l'entraînement dans un parc d'entraînement ou une « chasse en enclos » recèle autant d'inconvénients que d'avantages.

Le chenil, un lieu d'éducation

Les bases de l'éducation du beagle s'acquièrent en chenil. Il est heureusement préservé, en général, d'un excès d'humanisation qui est le lot de la majorité des chiens vivant en permanence à la maison. Partager en permanence la vie de son maître, ses allées et venues, favorise évidemment la complicité chien-maître, elle n'est pas sans inconvénients. Le chien y trouve de multiples occasions pour désobéir et le maître ne peut pas faire preuve d'autorité en permanence.

Le chien qui vit en chenil n'a pas l'occasion de désapprendre. Dès qu'on vient le chercher, il sait que c'est pour « travailler », il est tellement

heureux de retrouver son maître qu'il met un maximum d'enthousiasme et d'énergie pour bien faire. La vie en chenil est finalement très adaptée aux chiens d'utilité, qu'ils chassent, gardent ou conduisent des troupeaux.

Les moments privilégiés des premiers apprentissages se font à l'occasion des repas. C'est à cette occasion quotidienne que l'on peut lui apprendre son nom. Lors de la distribution, il est nécessaire que le ou les chiens apprennent à rester sages jusqu'au moment où on les autorise à manger. Dans le cas où il y a plusieurs chiens, il peut s'avérer utile de se faire aider, l'un remplissant les gamelles, l'autre, le maître, leur intimant de rester à distance sans s'exciter. Le chien est un animal d'habitudes, la routine le rassure et très vite il associe certains bruits, certains gestes à la distribution des repas par exemple. Ces derniers seront donnés toujours au même moment, en début ou en fin de journée, selon les préférences et l'emploi du temps de chaque maître. La routine est à la base de la discipline.

Le beagle, qui chasse souvent hors de vue du maître, et parfois hors de portée de voix, obéit à la corne ou trompe de chasse. Pour l'habituer à réagir à la corne, le mieux est de s'en servir au moment du repas.

Le rappel

Le beagle est aussi un chien indépendant, plein d'initiatives, et qui, à un moment ou à un autre, ne va pas revenir au rappel. Pourtant, tous les chiens reviennent au rappel, spontanément, pour se faire caresser, pour manger. Le premier principe de l'apprentissage au rappel consiste à ne pas perturber cet instinct. En lâchant le jeune chien dans un endroit non clos, on s'expose à ce qu'il se lance sur une piste en faisant la sourde oreille aux appels de son maître par exemple. Il arrive souvent aussi que le chien s'échappe, parce que la porte du chenil est restée ouverte, ou le portail de la propriété.

Il ne faut surtout pas se lancer à sa poursuite. Le chien court toujours plus vite que son maître et il ne s'agit pas de lui en administrer la preuve. Sinon, cela pourra devenir un jeu que de se laisser poursuivre.

Autre écueil à éviter : la correction lorsqu'il se décide enfin à revenir, penaud ou joyeux. Le maître, énervé et vexé de surcroît, surtout en présence de spectateurs, a naturellement tendance à corriger son chien, ou tout du moins à lui crier dessus. Cette attitude perturbe beaucoup celui-ci, alors qu'il est tout heureux de revenir vers son maître. Il ne lui faut pas beaucoup d'expériences pour associer corrections ou courroux du maître à son retour, et donc l'inciter à éviter cette situation. Au contraire, si le maître sait montrer du contentement et du soulagement en voyant revenir vers lui son chien, celui-ci n'hésitera pas à revenir. Charge au maître d'éviter les occasions où son compagnon peut prendre la poudre d'escampette.

Pour obtenir un rappel automatique, il suffit de l'associer à une satisfaction, caresse, friandise – selon le caractère de l'animal, il faut voir ce qui a le plus d'effet, pour l'un c'est le sentiment qui joue, pour un autre c'est davantage la gourmandise – ce sera souvent la gourmandise pour beaucoup de beagles. Dans ce dernier cas, il faut veiller à ne pas rester esclave des friandises, car lorsqu'on n'en a pas, on se trouve dépourvu d'autorité, et l'autorité exclusivement associée à la gourmandise n'en est pas.

Dans un second temps, le maître va associer le rappel au son de la corne.

Cet apprentissage commence dès le début, lorsque le chiot a 2 ou 3 mois. Trop de maîtres ont tendance à le laisser grandir en paix, en se disant qu'il faudra commencer son éducation quand il sera un peu moins fou. Les bonnes habitudes s'acquièrent très tôt, et plus on les inculque précocement, mieux elles resteront ancrées. Le rappel, qui va entrer en contradiction avec l'instinct de prédateur du chien, très développé chez les courants, ne peut être inculqué qu'avec de grandes difficultés une fois que le jeune s'est déclaré.

Pour ou contre le collier électrique

Il existe aujourd'hui du matériel censé stopper le chien qui s'enfuit ou l'arrêter s'il est lancé sur une mauvaise piste quand il faut le créancer sur la voie des animaux qu'il devra chasser plus tard. Il s'agit du collier électrique, très utilisé par les dresseurs pour les chiens d'arrêt et qui s'est bien répandu aussi dans le monde du chien courant. Dans des mains expertes, celles des dresseurs professionnels, il donne incontestablement de bons résultats, et surtout rapides – ce qui est essentiel pour les professionnels qui font commerce de chiens dressés. Mal employé, il peut s'avérer catastrophique et peut même rendre le chien inutilisable. Il est absolument à déconseiller pour les chiens sensibles, confiants et soumis. Pour d'autres, très volontaires, indépendants, la méthode peut s'avérer efficace, sans aller jusqu'à « casser » le chien, qui ensuite ne pourra jamais donner de grandes satisfactions. Lorsqu'on se sert d'un collier électrique, il vaut mieux le faire à peu de distance du chien, de façon à faire suivre l'avertissement – ou la punition, c'est-à-dire en ce cas la décharge électrique, heureusement réglable – par un encouragement du geste ou de la parole, qui rassure le chien. Et là aussi, quand on l'utilise pour créancer le chien, c'est que l'arrêt doit être absolument justifié, à savoir qu'il se met vraiment sur une mauvaise piste. Attention, le chien peut aussi très bien se rendre compte qu'il n'a rien à craindre lorsqu'il est dépourvu du collier émetteur !

Retriever

La peur du coup de feu

Le beagle est essentiellement utilisé pour la chasse à tir, il ne doit donc pas paniquer en entendant les coups de feu. Une remarque s'impose d'entrée. La peur du coup de feu est largement héréditaire, cette sensibilité aux détonations fait partie du tempérament de base. C'est pourquoi l'achat du chien de chasse se fait auprès de chasseurs, qui ont sélectionné des lignées au caractère sans excès de sensibilité. Dans les élevages qui vendent des chiens de compagnie, cette sensibilité aux bruits ne revêt pas la même importance, encore qu'elle soit gênante en cas d'orages, de fêtes avec des pétards, etc.

Évidemment, on n'est pas dans une situation de tout ou rien. Un tout jeune chiot que l'on expose à une détonation toute proche peut réagir négativement. L'habitude de certains de tirer un coup de feu à proximité du chenil pour se débarrasser des sujets qui montrent de l'affolement est assez primitive, de même que celle d'amener le jeune chien dans un ball-trap. On peut agir plus finement, en faisant en sorte que des bruits très sonores fassent partie de l'environnement habituel du chien. On peut commencer par se servir d'un pistolet d'alarme ou de pétards, à distance du chenil, pendant que le maître est avec ses chiens, par exemple pour les nourrir ou les panser. Peu à peu, le bruit sera plus proche. On procédera de même avec les armes de chasse, avec progressivité. Cela dit, la rééducation d'un chien paniqué est aléatoire.

L'éducation et le dressage du beagle, comme ceux des autres chiens courants, sont moins fastidieux que ceux des chiens d'arrêt. Ils reposent sur des bases similaires, à savoir un conditionnement, c'est-à-dire associer les actes du chien à des indications et des ordres, gestes,

voix, trompe, sifflet. Heureusement, les propriétaires de chiens de chasse sont moins enclins que les autres à faire de l'anthropomorphisme – prêter au chien des sentiments et des réactions humains. Trop de maîtres privilégient la parole alors que les chiens sont surtout sensibles à la communication non verbale, les gestes, le regard et l'intonation de la voix.

L'éducation du beagle de compagnie

Le beagle, chien d'utilité, tire d'aptitudes patiemment sélectionnées au fil des générations un grand équilibre de comportement, des qualités de sociabilité et d'apprentissage. Il est donc facile à éduquer. Dans la mesure où l'on évite de faire du sentimentalisme, ce qui ne signifie pas qu'il faille se montrer brutal, au contraire.

Son éducation doit commencer dès son arrivée à la maison, d'autant plus que c'est là un milieu très contraignant pour lui : devenir rapidement propre, ne pas s'attaquer aux meubles, ne pas être bruyant, savoir rester tranquille lorsque les maîtres sont occupés.

> Les bonnes habitudes s'acquièrent tout de suite

Parmi les erreurs les plus fréquentes des possesseurs de chiens, la première consiste à s'attendrir sur le petit chiot qui vient d'arriver, d'excuser toutes ses petites bêtises – même s'il vaut mieux en effet s'en amuser que d'en faire un drame. Les bonnes habitudes s'acquièrent tout de suite. Les propriétaires peuvent être scandalisés quand on leur dit que l'éducation est un conditionnement, que le chien aime avant tout la routine, les habitudes. Il est perturbé dans un foyer qui en manque, où chacun semble faire un peu ce qu'il veut quand il en a envie. Dans ces cas-là, n'importe quel chien se met en devoir d'y mettre de l'ordre, en imposant sa volonté, voire en se prenant pour le chef, si la hiérarchie n'est pas clairement établie. De là, tous ces chiens, quelle que soit leur race – y compris le bichon ou le caniche –, deviennent des tyrans.

Une autre erreur est de concevoir l'éducation canine comme un ensemble de leçons, de séances dans la journée ou la semaine. Pourtant, l'éducation se construit à tous les instants. Ce qui ne veut pas dire qu'il faut submerger le chiot d'ordres. Bien au contraire,

il faut se limiter à quelques contraintes, sinon il se sent vite débordé et désemparé. Il faut aussi choisir le moment où il est attentif, disponible. Tout comportement indésirable doit être sanctionné dans l'instant, le chien ne fait pas de relation de cause à effet entre un acte passé et une réprimande qui vient après: il ne faut pas lui prêter un pouvoir de réflexion ou d'introspection!

Tout cela peut avoir l'air complexe, ce n'est pourtant que du bon sens et de l'observation. Un bon dresseur est avant tout un observateur.

> La propreté

Le chiot est naturellement propre. Dès qu'il peut se mouvoir, il va se soulager au plus loin de la caisse où il est né et on n'a jamais vu de chien faire ses besoins dans sa niche. Il importe donc de lui faire comprendre que sa niche, son nid, c'est toute la maison et que les besoins se font dehors. Il est stupide de lui « mettre le nez dedans », les excréments ne sont nullement pour lui quelque chose de répugnant.

Le chien mâle peut avoir tendance à uriner un peu partout. En fait, il « marque » son territoire, le délimite à l'intention de ses congénères. Ses bornes à lui, ses clôtures, ce sont ses marques odorantes. Lorsqu'il lève la patte dans la maison (voire sur la jambe d'un visiteur!), c'est surtout qu'il veut affirmer son leadership, il ne reconnaît pas entièrement l'autorité de ses maîtres.

> Le rappel

Le chiot revient naturellement vers son maître, comme il fait avec sa mère. Le maître, c'est la sécurité, le nourrisseur, le chef. Bien entendu, il lui faut explorer peu à peu son environnement. Et l'environnement d'un chien ne se limite pas à celui de son maître! Il peut s'étendre sur des kilomètres carrés, ses limites, ce sont celles de ses congénères.

Il est donc important de l'éduquer au rappel avant que ses instincts de prédateur et ses instincts sexuels ne le conduisent à « vivre sa vie ». Pour le chiot, l'environnement est source de découvertes mais aussi d'appréhension et de crainte; il aime à se sentir rassuré par son maître, il reviendra toujours joyeusement vers lui pour chercher une caresse, une parole d'encouragement, une friandise. Si l'on ne manque aucune occasion de le rappeler – inutile de le faire quand il est sollicité par une odeur ou tout événement qui accapare son attention –, il s'établira un conditionnement, un automatisme qui perdurera. Le rappel ne sera plus une brimade mais une complicité.

Animal social

Le chiot est aussi un animal social programmé pour vivre en groupe. Il n'a rien d'un solitaire comme le chat. Même quand il chasse, c'est dans un groupe, où chacun se répartit les tâches. Et qui dit groupe dit hiérarchie. Il a un besoin vital d'avoir une autorité qui le guide. La solitude et le laisser-faire le rendent malheureux ou le perturbent. Il peut attendre sagement le retour de ses maîtres dès lors qu'il ne manque pas de repères. Une erreur à ne pas commettre, c'est de le prendre pendant un congé, dans la perspective de le choyer à son arrivée à la maison. Cependant, lorsque les vacances se termineront, il réagira négativement. Si les maîtres sont habituellement absents une partie de la journée, il vaut mieux l'y habituer immédiatement, d'autant que le chiot a alors besoin de beaucoup de sommeil.

La santé du beagle

Le beagle est un chien très robuste qui peut vivre une douzaine d'années sans soucis. Dans la race, on dénombre peu de pathologies, même si la dysplasie des hanches ne l'épargne pas tout à fait, contrairement à l'opinion courante selon laquelle elle touche uniquement les grandes races.

Les laboratoires ont développé de nombreuses armes contre les maladies en tout genre qui peuvent affecter les chiens. Le respect du calendrier vaccinal protégera votre beagle d'un grand nombre de ces maladies. Il ne faut pas en faire l'économie, et ce quel que soit son âge. Les maîtres ont en effet tendance à ne plus faire vacciner leur chien sous prétexte qu'il est entré dans la catégorie des seniors. C'est absurde, car un chien âgé, plus qu'un autre, a besoin de ces protections.

Lorsque vous aurez fait l'acquisition de votre beagle, à partir de l'âge de 8 semaines, celui-ci aura normalement fait l'objet d'une primovaccination contre l'hépatite de Rubarth, la maladie de Carré et la parvovirose. À vous ensuite de tenir ce calendrier à jour au fil des rappels annuels. Une première visite chez le vétérinaire vous permettra de faire le point sur le statut vaccinal de votre compagnon et d'établir les échéances de vaccinations. À 12 semaines, il subira les rappels des trois premiers vaccins, puis sera vacciné contre la leptospirose. Trois ou quatre semaines plus tard, il faudra faire les rappels de tous ces vaccins et ajouter celui contre la rage puis, plus tard, celui contre la piroplasmose.

Les maladies infectieuses

Les maladies infectieuses peuvent avoir deux origines : bactérienne ou virale. La vaccination constitue une bonne protection pour combattre certaines de ces infections.

> La rage

Bien que la France soit déclarée indemne de rage (ce qui n'empêche pas qu'un chien venant du Maroc soit mort de la rage il y a quelques années, qu'un chat vraisemblablement infecté par une chauve-souris soit aussi décédé en 2007), il est vivement recommandé de faire vacciner régulièrement son chien contre cette maladie virale qui a fait d'énormes ravages par le passé et dont on doit la découverte du vaccin à Pasteur. La rage est une zoonose, c'est-à-dire une maladie transmissible à l'homme. Si vous faites du camping, si vous souhaitez participer à des expositions canines ou bien passer les frontières, votre chien devra être vacciné. Ce n'est donc pas à négliger. Le coût de cette vaccination n'est pas élevé et le vaccin antirabique destiné aux chiens est l'un des plus efficaces (son taux de protection est proche des 100 %). En revanche, il ne faut pas attendre le dernier moment car, lors d'une première vaccination antirabique, le certificat de vaccination n'est valable qu'un mois après l'injection.

> La maladie de Carré

C'est une maladie due au virus *Paramyxovirus*,

qui est contagieuse par simple contact et dont le pronostic est sombre. Elle affecte tout particulièrement les jeunes chiens, sans épargner toutefois les plus âgés. Elle s'inscrit dans la liste des vices rédhibitoires. Le propriétaire a 8 jours pour faire jouer le délai de suspicion à partir de la livraison du chiot. Les symptômes sont variés et la maladie de Carré peut revêtir plusieurs formes: digestive, avec forte fièvre, vomissements, diarrhée, perte d'appétit, déshydratation sévère; respiratoire et nerveuse. La période d'incubation s'établit d'une semaine à 12 jours en moyenne. La vaccination permet de prévenir efficacement cette maladie et c'est la raison pour laquelle elle doit être systématique.

> La maladie de Rubarth

La maladie de Rubarth (ou hépatite infectieuse) est une maladie virale très contagieuse dont les symptômes s'apparentent à ceux de la maladie de Carré (affaiblissement, perte d'appétit, vomissements, diarrhées, fièvre...) ou bien prennent l'apparence d'une angine; elle est également inscrite parmi les vices rédhibitoires. Le temps d'incubation est compris entre 3 et 6 jours. Le délai de garantie pour porter un diagnostic de suspicion est de 6 jours à partir de la livraison du chiot; le délai de rédhibition afin d'introduire une action en justice est de 30 jours, toujours à compter de la date de livraison. Un vaccin existe aussi contre cette maladie, et qui constitue la meilleure des préventions.

> La leptospirose

Aussi appelée typhus du chien, cette zoonose est une maladie bactérienne, causée par des leptospires et touche tous les chiens, quel que soit leur âge. Elle se transmet par l'urine des chiens contaminés, mais le rat reste cependant le principal vecteur. Son temps d'incubation est de 5 à 6 jours et elle peut revêtir trois formes: rénale avec une insuffisance aiguë, digestive (gastro-entérite accompagnée d'hémorragies) et hépatique avec l'apparition d'une jaunisse. Suivant sa forme, l'évolution est plus ou moins rapide. Il convient de noter que pour être pleinement efficace, surtout en milieu contaminé, la vaccination doit être suivie d'un rappel tous les 6 mois.

> La parvovirose

Cette maladie, due à un parvovirus, est appa-

Calendrier des vaccinations

Âge	Valences vaccinales
5 semaines	P (en cas de risque ou en milieu infecté)
7-8 semaines	CHP + TC ou CHLP = TC
3 mois	CHLP + TC ou CHLPR + TC
4 mois	LR
1 an	CHLPR + TC
Tous les ans	CHLPR + TC

C: maladie de Carré; H: hépatite de Rubarth, L: leptospirose; P: parvovirose; R: rage; TC: toux de chenil.

À noter: ce calendrier est donné à titre d'exemple et seul le vétérinaire est habilité à conseiller sur un calendrier de vaccinations.

rue en France il y a une vingtaine d'années environ; elle touche les chiots âgés de 4 à 12 semaines et s'inscrit dans le même cadre légal que la maladie de Rubarth. La période d'incubation est de 3 à 4 jours. Les symptômes sont ceux d'une gastro-entérite hémorragique s'accompagnant d'une diminution de l'immunité. Le diagnostic là aussi est sombre et il convient de réagir au plus vite. La vaccination est efficace, mais en cas de contamination le chiot touché devra être tenu à l'écart; cette maladie peut faire des ravages dans les élevages.

> La toux de chenil

Ce virus cause une sérieuse trachéo-bronchite, généralement parmi les chiens vivant en communauté (chenils, expositions, pensions, toilettage, etc.). La toux est sèche et bruyante. La maladie évolue lentement pendant plusieurs semaines. Un vaccin existe, mais son efficacité est variable; il peut être administré dès 5 semaines avec un rappel 15 jours plus tard.

> La piroplasmose

Ce sont les tiques qui sont responsables de cette infection. Un vaccin existe, qui ne protège pas le chien à 100 %, mais qui constitue tout de même une bonne protection avec les antiparasitaires.

Les parasites

> Les parasites internes

La vermifugation constitue une autre priorité. C'est un geste simple mais qui offre aussi au chien une bonne protection en même temps qu'il assure une bonne hygiène pour toute la famille puisque certains vers peuvent transmettre des maladies à l'homme, c'est ce que l'on appelle les zoonoses.

Il existe de nos jours une galénique variée en matière de vermifuges: pâte, cachets, « spot-on » (pipettes), etc. Chacun a son propre spectre d'action (vers ronds et/ou vers plats) et le vétérinaire conseillera le maître. À ce dernier de choisir la forme qui lui semble la plus commode à administrer à son compagnon. Au rang des idées reçues, un vermifuge ne rend pas forcément un chien malade. Et si l'on a raté un rappel ou que l'on ne se souvient plus de la date, il est sans danger d'administrer de nouveau un vermifuge à son chien.

Chez le chiot, il est d'usage d'effectuer la vermifugation à 10 jours, puis tous les 15 jours jusqu'à l'âge de 2 mois et tous les mois jusqu'à 9 mois. Chez l'adulte, la vermifugation est effectuée deux fois par an. Chez les femelles, il est conseillé de vermifuger avant la saillie et avant la mise bas (15 jours), puis 5 semaines après la mise bas. À noter que dans le cadre d'un élevage, les vermifugations sont généralement effectuées tous les trimestres.

Les chiens peuvent être infestés par des vers à tout âge. Il en existe deux catégories : les vers ronds (nématodes) et les vers plats (cestodes). Les chiots peuvent être infestés avant la naissance par l'intermédiaire de larves qui parviennent à traverser le placenta avant la mise bas. L'infestation peut également se faire par ingestion (lait maternel ou œufs présents dans le milieu ambiant). Chez l'adulte, l'infestation a lieu par ingestion de larves, d'œufs ou par l'intermédiaire des nuisibles (rats, souris, etc.).

• Les vers ronds

Les ascaris sont des vers ronds, semblables à des spaghetti, de couleur blanc jaunâtre, longs de 5 à 10 cm ; ce sont les plus fréquemment rencontrés (plus de 70 % des chiots sont contaminés à la naissance). Chez le chiot, leur présence peut entraîner des diarrhées, vomissements, voire des troubles respiratoires ou des occlusions intestinales. Leur présence chez le chien adulte peut par contre passer inaperçue, d'où l'importance de vermifuger. Même sans présenter de complications, un chien infesté par les ascaris s'en retrouve affaibli.

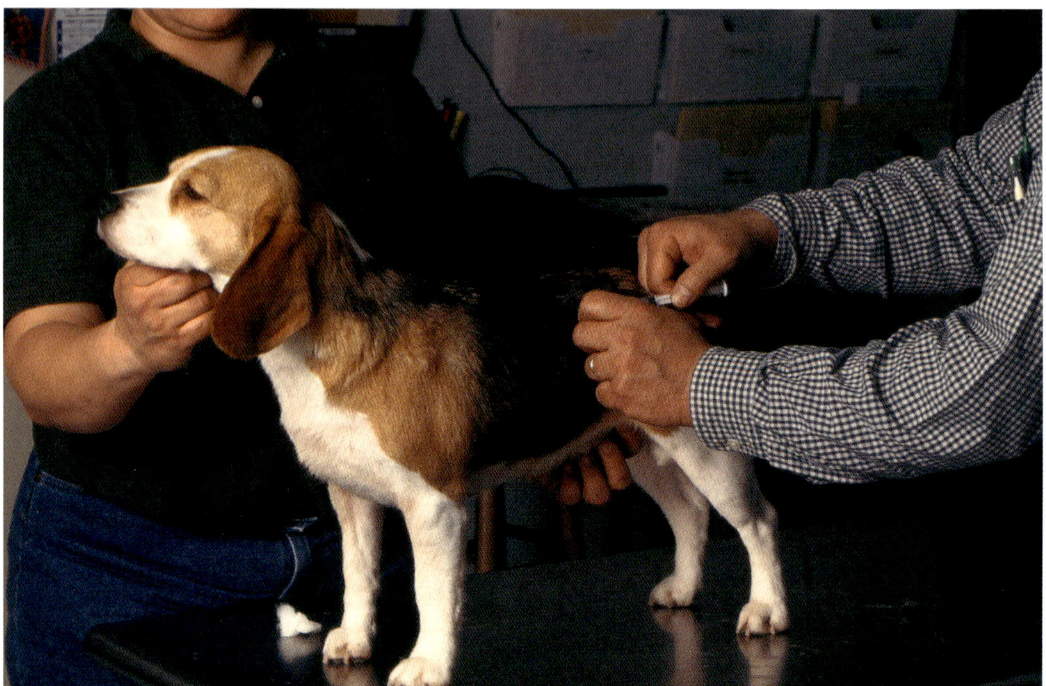

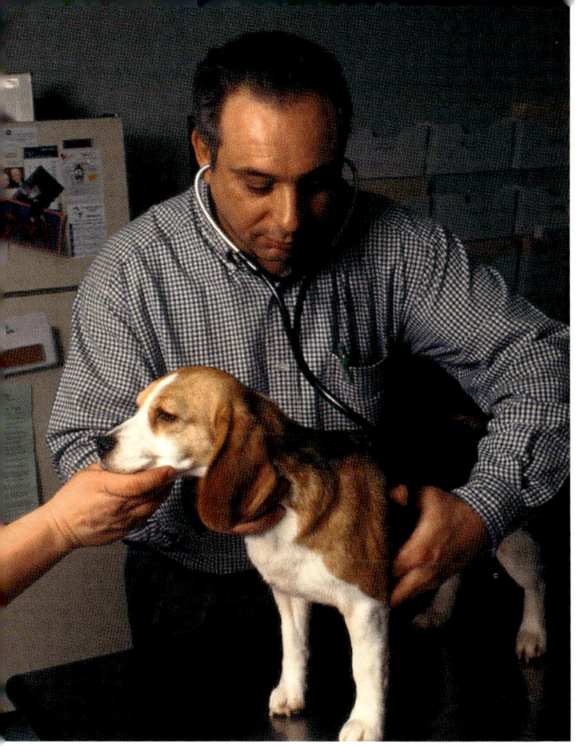

• Les ankylostomes

Ce sont des vers de 5 à 10 mm de longueur qui se fixent aux parois de l'intestin grêle et se nourrissent de sang. Une diarrhée noirâtre ou une anémie constituent un signe d'alerte qui doit inciter le maître à consulter le vétérinaire sans attendre. Tout comme les trichures, les ankylostomes sont fréquents en élevage et en milieu rural.

• Les trichures

Il s'agit de vers de 4 cm de longueur en moyenne que le chien (de tout âge) peut ingérer par léchage. Ils se logent dans le gros intestin et le caecum. Les trichures sont à l'origine de diarrhées avec parfois présence de sang.

• Les vers plats

Ils sont plus connus sous le nom de ténia. Le *Dipylidium caninum* est le plus répandu d'entre eux. Les puces ou les poux en sont en général les vecteurs, d'où l'importance de traiter correctement son chien contre les puces. Le maître peut repérer des anneaux éliminés par les selles et qui font penser à des grains de riz aplatis. Les ténias peuvent être également transmis par la viande de certains animaux (porc, mouton, lapin…). Une diarrhée chronique, un amaigrissement ou un manque d'appétit peut faire soupçonner leur présence en grand nombre.

• L'échinococcose

Echinococcus granulosus, responsable de l'échinococcose, a davantage de chance de passer inaperçu. Dans un premier temps, ce sont des troubles digestifs qui surviennent, évoluant vers une pneumonie chez les chiens très atteints.

> Les parasites externes

De nombreuses « bestioles » aiment s'installer dans le pelage de nos chiens. Si pour certaines elles ne sont pas bien méchantes et occasionnent tout au plus des grattages, il en existe de plus dangereuses pour lesquelles une surveillance et un traitement préventif réguliers sont nécessaires. Là aussi, les laboratoires vétérinaires ont multiplié les armes contre ces parasites. Fini le temps des poudres qui sont désormais les moins faciles et pratiques à appliquer. De nos jours, il existe des sprays, spot-on (pipettes), comprimés qui protégeront efficacement et durablement votre chien (certains sont même waterproof, c'est parfait après un bain ou pour les jours de pluie !) de ces hôtes plus qu'indésirables. Autrefois, les poudres et les colliers étaient les plus courants, ils sont aujourd'hui ressentis comme moins pratiques. À noter qu'il existe aussi des actifs à base de produits naturels pour les « pro-nature ».

Il est vivement conseillé de traiter tous les animaux de la maison (chien, chat) pour une meilleure efficacité. L'environnement du chien devra aussi faire l'objet d'un traitement (panier de couchage, lieux qu'il fréquente régulièrement). Si le collier ne constitue plus de nos jours la panacée en matière de protection contre les puces ou les tiques, il peut cependant vous être utile lorsque vous passez l'aspirateur ! En effet, les puces adorent se loger dans les moquettes et les lames de parquet. Un morceau de collier placé dans le sac de l'aspirateur peut vous aider à éliminer ces parasites. Pour les cas d'infestation grave, sachez qu'il existe des fumigènes qui permettent de traiter la maison. Il faut alors traiter en l'absence de tous les animaux.

• Les puces

En ce qui concerne les puces, les pics d'infestations se situent au début de l'automne et à la fin de l'été, ce sont les deux périodes de l'année où elles atteignent leur plus haut niveau. Mais ces parasites, qui peuvent absorber jusqu'à vingt fois leur poids en sang en un seul repas, sont présents toute l'année et c'est la raison pour laquelle les traitements doivent être continus. De plus, il n'est pas toujours facile de repérer la présence de puces chez un chien en fonction de la couleur de sa robe, mais s'il se gratte…, allez inspecter son poil pour voir si vous ne trouvez pas quelques crottes. En cas d'infestation, il faut tout d'abord traiter pour éliminer (on peut utiliser pour cela un shampooing spécifique) mais aussi et surtout faire en sorte que le chien ne soit plus infecté par la suite.

Certains chiens peuvent également présenter une allergie aux piqûres de puces : il s'agit de la DAPP (dermite par allergie aux piqûres de puces) ou DHPP (par hypersensibilité), qui provoque des grattages intenses, voire une crise de prurit généralisée ou encore transmettre le ténia, d'où l'importance de bien protéger nos compagnons.

Autre idée reçue : les puces ne sautent pas tant que ça. Même si elles sont capables de faire un bond équivalent à la hauteur de la Tour Eiffel pour un humain, elles ne cherchent pas spécialement à changer d'hôte lorsqu'elles se trouvent en l'occurrence sur un chien où elles peuvent assurer leur repas de sang.

• Les tiques

Les tiques sont des acariens se nourrissant, comme les puces, du sang du chien. À la campagne comme en ville, le chien peut en attraper, car on les trouve aussi bien dans les sous-bois que sur les pelouses.

Il est important de traiter correctement et régulièrement son chien contre les tiques, car elles peuvent transmettre de graves maladies (piroplasmose, maladie de Lyme, ehrlichiose). Ce sont de plus des zoonoses (maladies transmissibles à l'homme), d'où l'importance de se montrer vigilant. Une inspection régulière de son chien permet de repérer rapidement la présence d'une tique. Il faut agir très rapidement, car l'inoculation du germe responsable

de la piroplasmose, par exemple, se fait de 36 à 48 heures après que la tique se soit fixée. Il ne faut pas arracher la tique, au risque de laisser la tête qui s'est plantée dans la peau, mais parvenir à la retirer entièrement. On utilisait autrefois de l'éther pour l'endormir avant de la retirer mais il est impossible d'en obtenir aujourd'hui chez le pharmacien. On trouve désormais des « feutres » ou des crochets qui permettent de les extraire sans douleur, en un tour de main. C'est un de ces accessoires qu'il est important d'avoir sur soi lorsque l'on part en vacances. Les traitements préventifs sont nombreux et même s'ils ne parviennent pas à assurer une protection totalement imparable, il faut les appliquer régulièrement. Comme pour les puces (parfois les traitements sont associés), la galénique est variée. Il existe également un vaccin contre la piroplasmose qui n'assure pas une protection à 100 %, mais qui constitue une sûreté de plus.

• La gale

La gale peut revêtir trois formes :

– La gale otodectique, que l'on appelle aussi la gale des oreilles. C'est un parasite microsco-

pique qui se transmet d'un chien à l'autre ou bien entre chat et chien. Elle se caractérise par des sécrétions brunâtres qui s'accumulent dans le conduit auditif et dégagent une mauvaise odeur. Cette affection est irritante et l'animal se gratte parfois violemment, ce qui peut provoquer des hématomes dans l'oreille. Gêné, il secoue la tête. Les troubles peuvent aller jusqu'à la perte d'équilibre par atteinte de l'oreille interne, et même jusqu'à la surdité. Une visite chez le vétérinaire s'impose, car en plus du nettoyage de l'oreille grâce à une lotion adaptée, le praticien pourra conseiller l'utilisation d'un antifongique. Cette affection parfois récidivante se traite assez facilement, à condition de bien suivre le traitement et de s'y tenir.

– La gale démodécique (démodécie), due à un acarien *(Demodex folliculorum)*, est généralement transmise à la naissance par la mère. Il est déconseillé de faire reproduire une chienne atteinte de démodécie. L'acarien qui en est responsable s'enfonce dans la peau et provoque autour des yeux, sur le nez et les pattes des lésions qui peuvent ensuite s'infecter (surinfection bactérienne) ; on parle alors de pyodémodécie ou de staphylodémodécie et elle peut prendre des proportions désastreuses. Le traitement est long et fastidieux. Auparavant, il fallait procéder à des bains. Heureusement, la médecine vétérinaire a fait de grandes avancées en mettant au point des traitements beaucoup plus faciles à administrer (cachets) et cette affection semble diminuer fortement.

– La gale sarcoptique, très contagieuse entre animaux, est due à un acarien (sarcopte). C'est en outre une zoonose. Des taches rouges que l'on peut confondre avec des piqûres de puces apparaissent généralement derrière les pattes et les coudes, autour des yeux et aux oreilles, entraînant de fortes démangeaisons. Prise précocement, cette forme de gale se traite et se soigne assez rapidement.

• Les poux

Les chiens (principalement les jeunes) sont concernés par ces parasites dont on peut soupçonner la présence avec l'apparition de pellicules sur le poil. Cette parasitose se traite elle aussi facilement à condition de ne pas laisser traîner les choses. En revanche, il ne faut pas oublier de traiter également les autres animaux de la maison le cas échéant ainsi que l'environnement.

• Les aoûtats

Les aoûtats ne sont pas dangereux, mais ils occasionnent des démangeaisons gênantes pour le chien, aux pattes mais aussi parfois sur le corps. On repère les aoûtats grâce aux petits points rouge-orangé entre les doigts ou aux aisselles. Des lotions adaptées permettent de traiter rapidement et d'en venir à bout.

• La teigne

C'est une fois de plus une zoonose. La teigne se développe sur la peau à la suite d'un contact avec un chien ou une personne contaminés. On la repère par une chute de poils en plaques rondes (sans démangeaisons). Les spores de ce champignon microscopique (le plus souvent *Microsporum canis*) sont très résistantes en milieu extérieur, d'où l'importance de bien suivre le traitement proposé par le vétérinaire qui permet de s'en débarrasser assez facilement.

Les maladies parasitaires

Les tiques et certains moustiques sont les vecteurs de maladies parasitaires pour lesquelles il est également très important de protéger préventivement son compagnon.

> La piroplasmose

Le piroplasme est le responsable de cette grave maladie que l'on nomme aussi babésiose. De 36 à 48 heures après s'être fixée sur un chien, la tique peut lui inoculer un microparasite *(Babesia canis)*. Celui-ci se multiplie alors dans les globules rouges affectant de nombreux organes parmi lesquels le foie, les reins ou bien encore la rate. Les symptômes sont un abattement, de la fièvre, une coloration des urines (couleur brun sombre). Le sud-ouest de la France est particulièrement concerné par cette maladie, mais la prudence est de mise partout. Le traitement, pour être efficace, doit être mis en œuvre très rapidement. Il existe bien un vaccin mais dont la protection n'atteint pas les 100 %. C'est pour cela qu'il ne faut pas hésiter à utiliser régulièrement un antiparasitaire contre les tiques et à inspecter régulièrement son chien.

> La maladie de Lyme

On appelle aussi cette maladie borréliose (attention, c'est une zoonose) qui est apparue relativement récemment en France et qui se concentre dans le nord-est. C'est un micro-organisme spirochète qui en est la cause : *Borrelia burgdorferi.* Chez le chien, la maladie débute en général par une forme peu évocatrice : anorexie, fatigue, léthargie, abattement, fièvre… Le symptôme le plus caractéristique qui apparaît ensuite est une boiterie atteignant l'articulation carpienne ; la zone malade est gonflée et chaude. Le vétérinaire doit dans un premier temps diagnostiquer le mal en le différenciant de toute autre cause de boiterie (c'est là toute la difficulté) avant d'entamer le traitement adéquat qui ne conduit pas toujours à une guérison complète.

> La leishmaniose

C'est un moustique, le phlébotome, qui est le vecteur de cette maladie grave (une zoonose également), qui se caractérise par un amaigrissement du chien et une ulcération de la truffe évoluant vers un gonflement des ganglions et des lésions oculaires. Son terrain de prédilection se situe dans le Bassin méditerranéen. On conseille d'être prudent et d'utiliser, comme pour les humains, des insecticides, bien que cela ne soit pas toujours évident chez le chien. Les traitements existants pour venir à bout de cette maladie se révèlent efficaces.

> L'hepatozoonose

C'est dans le sud de la France que l'on rencontre le plus fréquemment cette maladie qui a pour vecteur les tiques. Les symptômes sont peu caractéristiques, le principal étant l'anémie. D'où l'importance, face au moindre signe inhabituel chez votre chien, de consulter sans attendre.

> L'ehrlichiose

Ce sont encore les tiques qui transmettent cette maladie dont les symptômes ressemblent à ceux de la piroplasmose (jaunisse, urines

foncées, diarrhée, vomissements, fièvre, manque d'appétit…). Elle peut être mise en évidence grâce à une prise de sang après quoi un traitement antibiotique doit être entrepris sur quelques semaines pour une évolution favorable.

> La dirofilarose

Ce sont aussi les moustiques du Bassin méditerranéen… qui sont responsables de la transmission de ce parasite *(dirofilaria)*. Cette maladie se caractérise par des vers qui, en se logeant dans le cœur ou l'artère pulmonaire, entraînent une insuffisance cardiaque ou une embolie pulmonaire. Le traitement est long.

Les points faibles du beagle

Il ne faut pas s'inquiéter du nombre d'affections susceptibles d'affecter le beagle. Il en est de même pour toutes les races répandues dans le monde depuis longtemps. D'une manière générale, plus une population canine est répandue internationalement, plus la liste des maladies héréditaires ou supposées héréditaires qui peuvent l'affecter s'allonge. Une récente étude vétérinaire française en recense 36 pour le beagle. Cela dit, celui-ci reste un petit athlète robuste et rustique très peu souvent malade.

> La dysplasie coxo-fémorale

Cette affection de l'articulation de la hanche, aboutissant à une arthrose plus ou moins invalidante, affecte le plus souvent des races de grande taille, notamment les molosses, les bouviers et les chiens de berger. Certaines races de chasse n'en sont pas exemptes, bien que leur format reste moyen et leur poids peu élevé. En outre, il semble qu'à côté des facteurs génétiques l'environnement, par exemple l'alimentation, puisse jouer un rôle. Cette maladie fait partie des vices rédhibitoires qui sont garantis par le producteur, d'où l'attention particulière dont elle doit faire l'objet de la part des éleveurs. La prévalence de la dysplasie du coude atteindrait les 17 % chez le beagle, ce qui le place, entre autres, entre le setter anglais (26,5 %), l'épagneul breton (20 %) et le setter irlandais (12 %), le braque de Weimar (12 %). Ces chiffres n'ont qu'une valeur relative, ils dépendent des pays et des études. Il faut encore noter que la sévérité des troubles n'est pas en rapport avec la gravité constatée par les radiographies.

> Les affections oculaires

Parmi les maladies atteignant les yeux, signalons la microphtalmie. Il s'agit d'yeux anormalement petits, cette malformation étant souvent associée à d'autres entraînant une mauvaise vision. Elle ne serait pas très rare chez le beagle.

> La hernie ombilicale

C'est une non-fermeture de la paroi ombilicale affectant les jeunes chiots. Lorsque le trou est petit, cette hernie peut se résorber toute seule. Sinon, elle peut être opérée avec succès. Elle serait assez fréquente chez le beagle.

> Le déficit en facteur VII

Le facteur VII est une vitamine K synthétisée par le foie. Une mauvaise synthèse de ce facteur se rencontre surtout chez le beagle, elle reste une maladie rare et bénigne constatée lors d'une opération ou d'une analyse de sang.

> La hernie discale

La compression de la moelle épinière que la hernie discale entraîne se traduit par des troubles moteurs plus ou moins visibles et des douleurs très importantes. Elle se déclare vers l'âge de 4 à 6 ans. Elle a un caractère héréditaire et, de ce fait, les reproducteurs affectés devraient être écartés.

> L'achondroplasie

Il s'agit d'un allongement insuffisant des membres avec par ailleurs leur épaississement. Cela se traduit par de mauvais aplombs, une démarche plantigrade, un décollement des coudes. Cette anomalie de la croissance, « normale » chez les bassets, se rencontre accidentellement dans d'autres races, dont le beagle.

Les accidents et autres problèmes

On parle peu des accidents dont peuvent être victimes les chiens. Comme pour les enfants, la maison recèle des tas d'objets et de produits

Des numéros de téléphone à garder à portée de main

Certains venins ou des toxiques peuvent être à l'origine d'allergies chez le chien et déclencher un choc anaphylactique. La tête se met alors à enfler de façon impressionnante conduisant l'animal à une détresse cardio-respiratoire. Il s'agit là d'une urgence vétérinaire et il faut consulter sans attendre. Outre le numéro de téléphone de son vétérinaire, il est donc conseillé d'avoir toujours à portée de main celui de la clinique vétérinaire assurant les services d'urgence. Pensez également à enregistrer sur votre portable les numéros de téléphone de la clinique vétérinaire la plus proche de l'endroit où vous vous trouvez lorsque vous êtes en déplacement. Cela permet d'éviter la panique.

Il existe aussi en France deux centres antipoison pour chiens : celui de l'École vétérinaire de Lyon (04 78 87 10 40) et de l'École vétérinaire de Nantes (02 40 68 77 40), joignables 7 jours/7 et 24 heures/24. Ces centres sont à même de vous conseiller par téléphone ; il ne faut pas hésiter à les appeler en cas de doute.

dangereux et les accidents domestiques peuvent être dramatiques.

De même, à l'extérieur, personne n'est à l'abri d'une chute ou d'un accident entraînant une blessure plus ou moins grave. Il faut savoir réagir pour prodiguer les premiers soins, là aussi sans commettre d'erreurs. Surtout, il ne faut pas céder à la panique. Plus facile à dire qu'à faire! Mais avec quelques notions de « secourisme », on évite au chien qu'il ne souffre davantage et on peut organiser son transfert vers une clinique vétérinaire dans les meilleures conditions.

Il y a également les petits accidents de la vie quotidienne, ceux qui ne nécessitent pas d'aller consulter le vétérinaire et qui demandent juste d'avoir sous la main les produits nécessaires pour soigner ces petits bobos.

> Les intoxications

Les causes d'intoxication peuvent être multiples (les appâts contre les renards dans la nature – bien qu'ils soient interdits par la loi ! –, les plantes, les produits en tout genre… (voir encadrés). Surtout, ne faites pas vomir votre chien et ne lui donnez ni lait ni eau, ce qui pourrait ne faire qu'empirer la situation. Allez consulter sans attendre. Si vous le pouvez (ce n'est pas toujours possible de prendre le chien sur le fait ou de trouver le produit incriminé), emmenez une feuille de la plante que votre chien aura ingérée ou l'étiquette du produit, ce qui pourra aider le vétérinaire dans son diagnostic.

Signalons aussi l'intoxication des chiens par le chocolat noir, riche en cacao. On a recensé plusieurs cas de mortalité canine! La substance incriminée est la théobromine dont les effets stimulants et irritants sont bien supérieurs à ce qui se passe chez l'humain. Quelques dizaines de grammes pourraient tuer un beagle par exemple, par arrêt cardiaque ou insuffisance respiratoire. Signalons encore que les effets de la théobromine peuvent persister près de 24 h.

> Les fractures

Face à la douleur provoquée par une fracture, le chien peut avoir le réflexe de mordre. C'est pour cela qu'aussi gentil soit-il en temps ordinaire, il est impossible de lui demander de se calmer. Il faut manipuler le moins possible le chien. On conseille parfois de confectionner une attelle, mais inutile d'aller jouer les apprentis sorciers. Le mieux est de pouvoir brancarder le chien, quitte à utiliser une grande serviette ou un drap tendu. Il y a là aussi le risque que le chien se débatte. Soyez toujours très prudent dans une telle situation, qu'il s'agisse d'une chute ou d'un accident de la circulation.

Les accidents domestiques

Pensez à mettre hors de portée du chien tous les objets tranchants, coupants ou ceux avec lesquels il pourrait se blesser. Pensez également à mettre sous clef l'antigel pour voiture dont le goût sucré est appétent pour le chien ; son ingestion peut avoir de graves conséquences pour l'organisme. Les antilimaces, antirongeurs, allume-barbecue et en règle générale tous les produits ménagers seront aussi placés dans des endroits inaccessibles. Lorsque vous traitez les plantes ou une pelouse, lisez attentivement les notices d'emploi et, si les produits utilisés se révèlent potentiellement toxiques pour les animaux, traitez en leur absence.

Les piscines représentent aussi un réel danger pour les chiens. De plus, les chiens ont toujours de grandes difficultés pour ressortir d'une piscine et c'est bien souvent d'essoufflement qu'ils décèdent. Les bâches de protection peuvent aussi être un obstacle qui empêche le chien de s'extirper de l'eau avec les mêmes conséquences dramatiques.

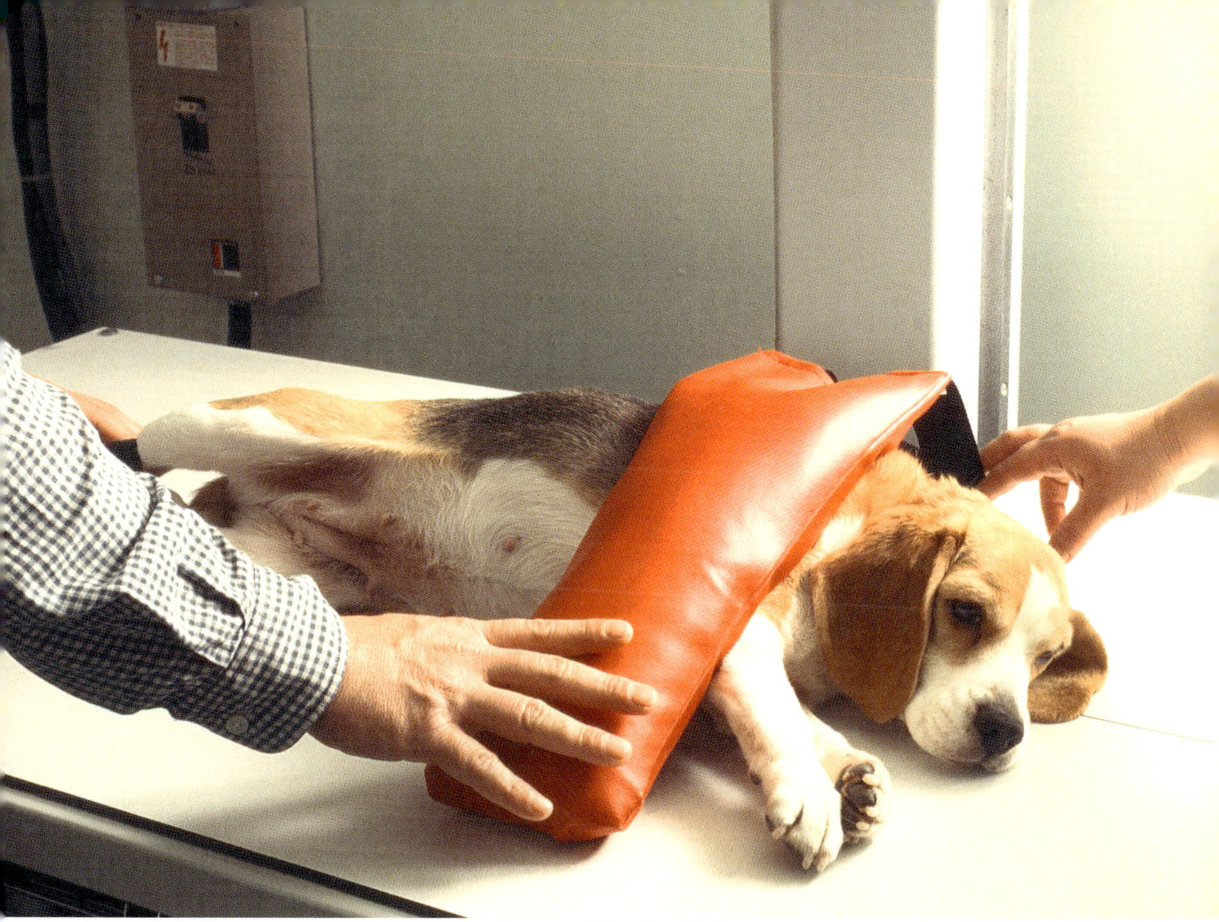

> Les coupures, morsures et plaies

Là aussi, tout dépend de la gravité de la coupure, de la morsure ou de la plaie. Si l'on a affaire à une atteinte bénigne, il sera possible de soigner soi-même en lavant à l'eau et au savon de Marseille, par exemple, puis en utilisant une lotion ou pommade antiseptique et enfin en plaçant un pansement. Dans le cas d'une plaie ou d'une coupure profonde, il convient d'appliquer une compresse en maintenant la plaie et d'aller consulter rapidement ; n'utilisez pas de garrot qui peut provoquer une nécrose. À noter qu'une morsure de chien peut être longue à cicatriser et que, contrairement à ce qu'on lit souvent (c'est encore une idée reçue qui a la vie dure !), la salive du chien n'a aucune vertu antiseptique.

> Les entorses

Si le chien boite, il faut vérifier qu'aucun corps étranger ne s'est logé dans l'un des coussinets. Il est possible qu'il se soit fait une entorse. Le membre touché peut se mettre à enfler, tout dépend de la gravité. Les plus bénignes d'entre elles se soigneront avec un simple bandage après l'application d'un anti-inflammatoire ; les plus graves, notamment s'il y a rupture de ligament, nécessiteront une consultation. En cas de fracture, manipulez le chien avec une extrême précaution.

> Les chenilles processionnaires

On en parle peu. Principalement présentes dans le sud (dans certains conifères), elles sont extrêmement dangereuses pour le chien

Des plantes toxiques

Certaines plantes sont toxiques pour les chiens. Le but n'est pas de vous en priver mais de réprimander le chien dès qu'il s'en approche, trop tenté qu'il est par une feuille qu'il souhaite croquer, ou de les placer hors de sa portée. Amaryllis, ficus, houx, laurier-cerise, mimosa du Japon, muguet, narcisse, philodendron, rhododendron, thuya... la liste et très longue et nous n'avons pas ici la place de toutes les citer. Pour certaines, ce sont les feuilles qui sont toxiques, pour d'autres, ce sont les bulbes ou la sève. Vous pouvez obtenir tous les renseignements auprès des centres antipoison pour chiens (voir encadré). Une intoxication se caractérise généralement par une irritation de la peau ou d'une muqueuse (labiale, buccale, oculaire), des vomissements, convulsions ou diarrhées. C'est une véritable urgence vétérinaire.

comme pour l'homme. On repère leur nid dans les arbres qui forment comme des boules de coton. Il faut à tout prix éloigner le chien à qui viendrait l'idée de jouer avec elles (elles avancent sur le sol les unes derrière les autres formant une procession, d'où leur nom), car leur contact peut provoquer de très graves séquelles si le chien en ingère; leur poil est urticant et provoque des nécroses de la langue notamment.

> Les morsures de serpent

En cas de morsure de serpent, n'incisez pas la plaie; placez si vous le pouvez un garrot en amont de la morsure (elle se repère généralement par deux petits points rouges espacés de quelques millimètres chez une morsure de vipère par exemple) et conduisez votre chien le plus rapidement possible chez le vétérinaire. L'utilisation d'un antivenimeux n'est pas conseillée, car la sensibilité des chiens diffère d'un sujet à l'autre et mieux ne vaut pas prendre le risque d'un choc anaphylactique. Faites en sorte que votre compagnon fournisse le moins d'efforts possible.

> Les piqûres d'insectes

Allez apprendre à un chien à ne pas vouloir gober une mouche, *a fortiori* une guêpe, une abeille ou un frelon! Dès son plus jeune âge, réprimandez cette attitude afin d'éviter une piqûre qui peut entraîner un œdème (sur le corps, vous pouvez placer de la glace en attendant qu'il n'arrive chez le vétérinaire). Plus grave: si le chien est piqué dans la bouche (gorge), il risque d'étouffer. Il faut conduire vraiment au plus vite l'animal chez le praticien. Si nécessaire, il faudra même dans certains cas introduire un tuyau dans la gorge du chien de façon à ce qu'il puisse respirer. Il faut reconnaître que cette situation fait très vite paniquer le maître (est-ce vraiment facile à

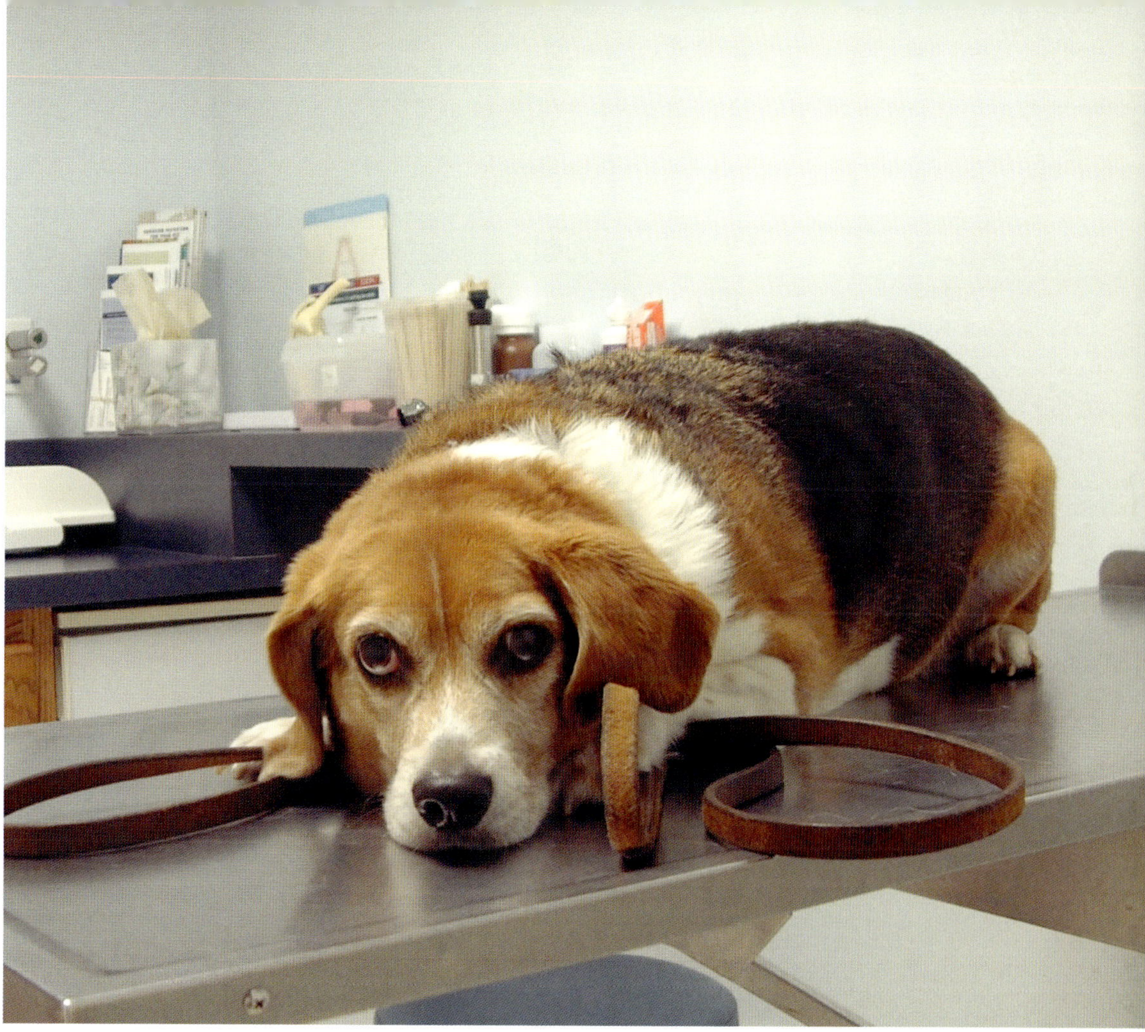

faire de la part d'un maître lorsque l'on est face à ce cas, on en doute), d'où l'importance de chasser les insectes et le dissuader de vouloir leur « régler leur compte ».

> Les épillets

Ce sont de petites brindilles qui vont se loger dans les oreilles, les narines ou encore les espaces interdigitaux. Parfois, on ne se rend pas compte de leur présence immédiatement, et c'est ainsi que se forment des otites ou des abcès. Les vétérinaires sont généralement rompus à extraire ces hôtes indésirables. Donc en été, prudence et pensez à bien inspecter votre chien au retour de promenade dans les champs.

> L'occlusion intestinale

L'ingestion d'un objet (morceau de jouet, balle, caillou, bouchon de liège, pince à linges, etc.) peut provoquer une occlusion, qui constitue un arrêt partiel ou total du transit digestif. Une constipation prolongée (de 3 jours), des vomissements, des signes de déshydratation, des douleurs abdominales… doivent vous inciter à consulter. Le vétérinaire, s'il ne parvient pas à faire évacuer l'objet par les selles, pourra être amené à opérer.

L'ENTRETIEN DU BEAGLE

Une des raisons du succès du beagle comme chien de compagnie, c'est qu'il ne réclame pas d'entretien particulier. S'il est chien courant, son poil court et dru s'avère suffisamment protecteur pour qu'il évolue sur des territoires difficiles. De retour au foyer, il faudra procéder à une petite inspection, afin de détecter rapidement d'éventuels parasites ou une petite blessure.

Les soins du pelage

> La mue

Le beagle, comme la majorité des chiens, renouvelle son poil deux fois par an : ce sont les mues. La mue de printemps est la plus importante, c'est le moment où le chien perd son poil d'hiver – et son sous-poil laineux. La seconde a lieu à l'automne où il prend son poil d'hiver. Pendant ces périodes, le beagle répand beaucoup de poils et il est nécessaire, s'il est admis à la maison, de le brosser chaque jour.

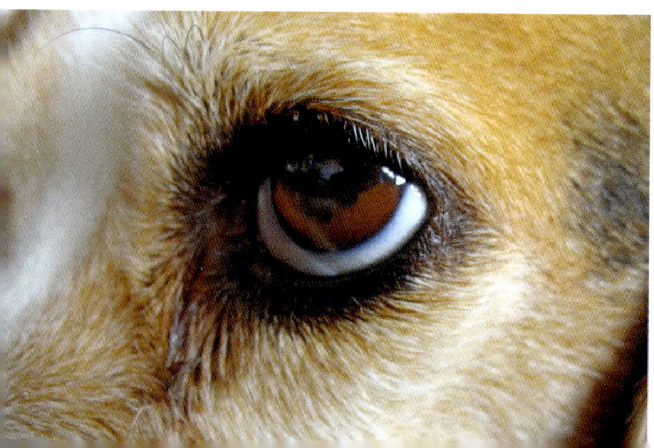

Chez les chiens vivant en appartement, le poil peut se renouveler pratiquement en permanence, d'où la nécessité de brossages réguliers.

Les brossages sont aussi l'occasion d'éliminer des corps étrangers et de détecter la présence de puces et de tiques.

> Les bains

Une opinion répandue veut qu'il ne faut pas baigner les chiens, parce que cela ferait perdre au pelage sa protection naturelle et grasse qui le rend quelque peu imperméable et à la peau la couche de sébum également protectrice. En réalité, cette protection se reconstitue rapidement.

On peut donc baigner le chien aussi souvent que le réclame l'hygiène, notamment si le chien vit à la maison, a droit au canapé et s'il y a des enfants.

Il faut utiliser un shampooing spécifique pour chiens : les produits pour les humains – y compris ceux pour les jeunes enfants – sont trop acides pour la peau du chien. Celle-ci, protégée en permanence par son pelage, est en fait plus fragile.

Les soins des yeux

Les yeux du beagle ne sont pas spécialement fragiles, mais il est prudent de vérifier leur état régulièrement. S'ils coulent, s'ils sont rouges, si le chien en garde un constamment fermé, il vaut mieux consulter le vétérinaire.

Il existe des solutions ophtalmiques adaptées pour nettoyer les yeux, préférables à l'eau du robinet.

Les soins des oreilles

Du fait de ses larges oreilles tombantes, qui ne permettent pas une aération du conduit auditif, le beagle peut être sujet à des otites. Ces otites peuvent être causées par des épillets de graminées sauvages qui peuvent finir par arriver au tympan, voire le percer.

Le nettoyage des oreilles passe par l'emploi d'une lotion adaptée, mais il est préférable de ne pas employer de cotons tige. Le tympan du chien est bien protégé mais on repousse les saletés au fond du conduit. Il arrive aussi que l'extrémité en coton reste dans l'oreille. Le bon geste consiste, après avoir instillé de la lotion, à masser l'intérieur de l'oreille pour faciliter l'écoulement du cérumen, enlevé avec du coton.

L'otite peut aussi être due à la gale. Il faut une lotion antiparasitaire, à demander au vétérinaire, pour en venir à bout.

Les glandes anales

Lorsque le chien « fait le traîneau », ce n'est pas qu'il a des vers. Ce sont ses glandes anales qui sont bouchées, ce qui entraîne une irritation, le plus souvent une simple démangeaison, mais parfois aussi une douleur. Ces glandes anales, situées de chaque côté de l'anus, sont en quelque sorte la carte d'identité du chien, d'où les scènes fréquentes où deux chiens qui se croisent semblent se renifler le derrière. Ces glandes permettent aussi le marquage du territoire.

Lorsqu'elles sont bouchées, elles ne peuvent se vider et forment un abcès. Avant d'en arriver là, on peut les vider ou les faire vider par le vétérinaire.

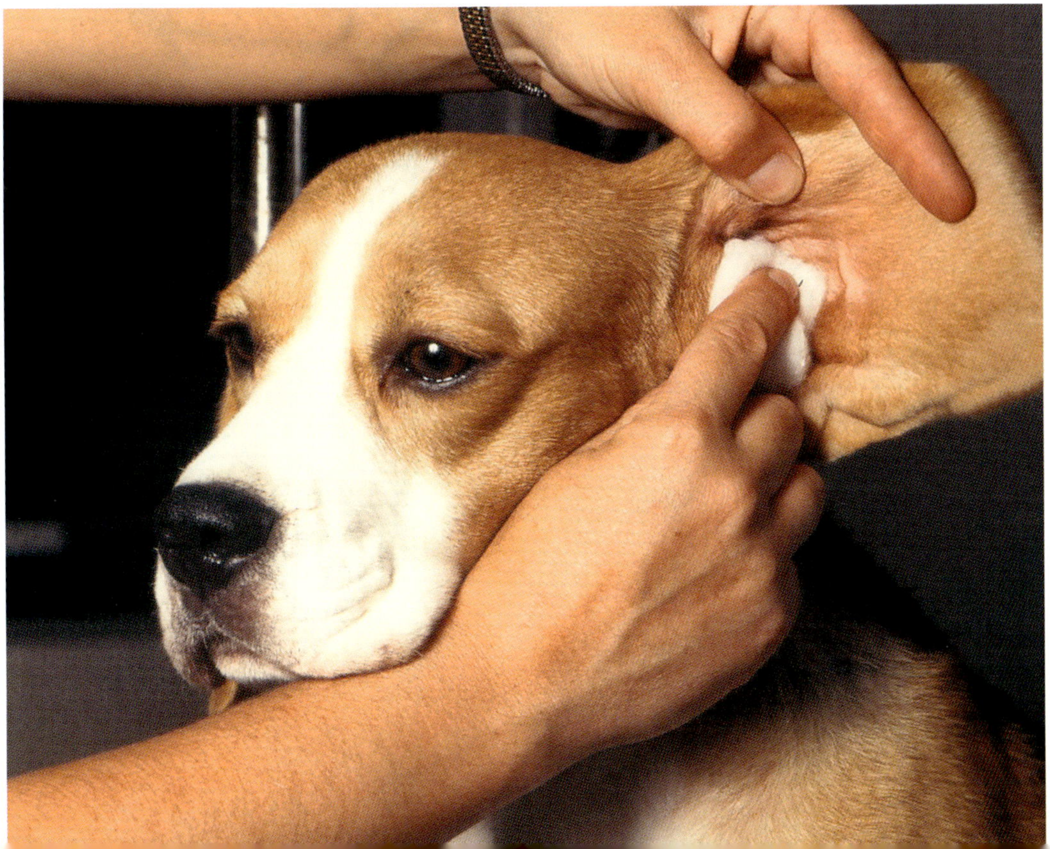

L'alimentation du beagle

De format modeste, rustique, le beagle est facile à nourrir et peu difficile. Sa croissance ne pose pas de problèmes. Même dans ce contexte, une alimentation à base de croquettes industrielles est souvent préférable, surtout pendant la saison de chasse.

Les bases de la nutrition

> Les protéines

Les protéines sont les constituants essentiels de la ration du chien. Pour aller vite, la teneur en protéines détermine la qualité de l'alimentation. Les protéines sont les constituants de base de la construction cellulaire ; une teneur suffisante en protéines n'est pas seulement nécessaire lors de la croissance du chiot ou pour la chienne gravide ou allaitante, elle l'est pour le chien à l'entretien, par exemple pour son pelage et son équilibre nerveux. Une carence de la ration en protéines est toujours dramatique au plan corporel mais aussi cérébral. On trouve les protéines dans la viande maigre, rouge ou blanche, dans le poisson mais aussi dans les céréales et les légumineuses comme le soja.

> Les lipides

Les lipides occupent une part moindre de la ration. Ils fournissent surtout l'énergie au chien. Évidemment, cette part énergétique est moindre pour un chien sédentaire que pour un chien en période de chasse. Il faut aussi davantage de lipides à un chien ne vivant pas à la maison et qui doit lutter contre le froid et les intempéries.

Ils sont enfin la source des acides gras essentiels, dont on parle tant pour l'alimentation humaine et qui sont tout aussi importants pour la nutrition canine. Les matières grasses peuvent être d'origine animale mais aussi végétale – huiles, en particulier de tournesol, riches en acides gras essentiels.

> Les glucides

Les glucides fournissent les calories nécessaires au fonctionnement de l'organisme. Le chien n'est pas un carnivore strict comme le chat, il n'est pas non plus tout à fait un omnivore, et une ration canine ne doit pas comporter une part prédominante de glucides. On classe les glucides en sucres lents, le riz et les pâtes, et en sucres rapides, c'est-à-dire ce que l'on nomme habituellement sucre. L'obésité est en relation directe avec une nourriture riche en sucres.

> Les minéraux

Les minéraux jouent un rôle important dans la constitution du squelette mais aussi dans l'équilibre nerveux. Parmi les plus importants, citons le calcium et le phosphore, le potassium, le magnésium et le sodium. D'autres minéraux doivent être apportés à l'organisme en quantités très faibles mais néanmoins indispensables pour assurer une bonne santé. On les nomme « oligo-éléments », et parmi les plus importants, on peut citer le fer, le cuivre, le zinc, le manganèse, l'iode.

Les aliments du commerce

Les avantages des aliments du commerce, industriels, sont bien connus : ils sont équilibrés et se distribuent sans aucune préparation, ils sont faciles à stocker. Leurs inconvénients se sont beaucoup atténués : les fabricants se sont attachés à produire des aliments très appétents, que le chien n'a aucune réticence à consommer. L'utilisation de matières premières de qualité a fait disparaître les inconvénients de déjections importantes, molles et nauséabondes qui font aussi partie du passé.

Ainsi, les hésitations des maîtres à employer des aliments tout prêts sont en grande partie levées. Bien sûr, il reste une certaine frustration à ne pas préparer soi-même. En revanche, il serait faux de croire que le chien a besoin de diversité, il consomme très bien repas après repas, année après année, le même type d'aliment. Il n'est pas nécessaire de changer périodiquement de marque mais bien sûr le type d'aliment doit correspondre à l'activité de l'animal, à son âge et à son format – les races géantes, grandes, moyennes, naines ont des besoins différents. Heureusement, le beagle fait partie des races moyennes, les moins exigeantes. Enfin, notons que les habitudes alimentaires acquises par le chien dans son jeune âge induisent ses préférences pour toute sa vie.

> Les vitamines

Les vitamines sont tout aussi indispensables pour un bon fonctionnement de l'organisme. On classe les vitamines en « liposolubles » que l'organisme stocke – ce sont les vitamines A, D, E, K – et les « hydrosolubles » qui ne sont pas stockables et doivent donc être apportées quotidiennement – il s'agit des vitamines B, C, H, PP. Les carences en vitamines et leurs conséquences sont aujourd'hui bien connues mais aussi, pour certaines d'entre elles, les conséquences des surdoses.

> Les différentes catégories

On distingue classiquement les aliments industriels en trois catégories : les « humides », c'est-à-dire les boîtes de conserves, qui comportent à la fois l'aliment solide et l'eau dont a besoin l'animal – il y a beaucoup d'eau dans les boîtes, masquée par la présence d'épaississants. Certaines spécialités ne sont pas des aliments complets mais visent uniquement à remplacer la viande, il faut donc les compléter par du riz bien cuit et des légumes.

Les boîtes ont pour inconvénient principal de ne pas se conserver longtemps après ouverture, à moins de les mettre au réfrigérateur, ce qui leur enlève une partie de leur appétence. Elles ont été longtemps les plus répandues, car elles constituaient une suite logique à l'aliment maison et correspondaient aux habitudes d'achat des maîtres faisant leurs courses alimentaires pratiquement tous les jours.

Les aliments secs ont été déshydratés et ont une grande durée de conservation, à l'air ambiant. On peut facilement adapter les rations. Les industriels ont multiplié les conditionnements (petits et gros sacs) et surtout les ont adaptés à chaque type de race et à chaque âge de la vie. Il existe aussi des aliments conçus pour les chiens diabétiques et pour les obèses. Les croquettes sont aujourd'hui, de loin, les plus répandues, correspondant aux nouveaux modes de consommation.

Le point important est de fournir de l'eau fraîche au chien. C'est en raison de cette contrainte qu'il existe de l'aliment sec en flocons, auxquels il faut ajouter de l'eau chaude pour obtenir une soupe où l'abreuvement est fourni au chien. Le chien s'abreuvant sans difficulté (contrairement au chat), l'alimentation en croquettes pendant toute la vie du chien ne se traduit par aucun inconvénient dans la durée.

Un aliment « standard » peut convenir au beagle à l'entretien; pendant la saison de chasse, il vaut mieux choisir un aliment haut de gamme ou mieux une spécialité prévue pour les chiens au travail, pour qu'il soit plus performant et ne maigrisse pas.

L'alimentation « maison »

Le choix d'une alimentation « maison », traditionnelle, dite souvent ration ménagère, est le plus souvent dicté par des raisons de prix. Il faut cependant souligner qu'un chien, même de format réduit comme le beagle, ne peut être nourri de façon équilibrée avec les déchets de repas humains, ni de la même manière que ses maîtres. Par ailleurs, les sources d'approvisionnement sont aujourd'hui réduites, il est difficile de trouver des cantines et plus encore des abattoirs qui fournissaient traditionnellement les possesseurs de meute.

La ration du chien se compose d'environ 40 % de viande maigre, de 30 % de riz, de 20 % de légumes verts et de 10 % d'un complément minéral et vitaminique. Pour un beagle adulte, cela se traduit par une ration fondée sur 300 g de viande par jour.

La viande se compose de muscle et non pas de tendons et d'aponévroses, c'est-à-dire de déchets ; la « viande pour animaux » proposée dans le commerce est d'une qualité insuffisante. Parmi les aliments à éviter, il faut citer les pommes de terre, le pain frais, les légumes qui fermentent comme les choux et les légumes secs, le lait difficilement digestible pour le chien. Enfin, les os ne sont pas un aliment : ils peuvent être utiles pour l'hygiène de la denture si la ration ne comporte pas d'aliment à croquer, ils s'avèrent nuisibles en trop grande quantité et peuvent provoquer des constipations ou des occlusions intestinales. Si les risques de perforation sont limités, l'estomac du chien étant fait pour digérer les os, ils sont à considérer davantage comme un jouet (par exemple un gros os de veau). Bien entendu, les sucreries sont à exclure.

Au total, l'alimentation traditionnelle n'est sans doute pas une source d'économie évidente, quand il faut trouver de la viande de qualité, donner un complément en minéraux et en vitamines suffisant. Autrefois, on n'était pas si exigeant et des défauts d'aplombs et de croissance, un pelage terne, une vie ne dépassant guère les 6-7 ans étaient souvent acceptés comme inévitables, les connaissances en nutrition étant rudimentaires.

L'obésité

Le surpoids ou l'obésité affectent surtout les chiens de compagnie qui mènent une vie trop sédentaire. Ce peut être aussi la conséquence de l'ennui et/ou de la culpabilité des maîtres qui, n'offrant pas suffisamment d'activité à

leur compagnon, compensent par une alimentation trop riche et abondante. Le principal problème de l'obésité est que les maîtres ne la voient pas, il faut souvent l'avis du vétérinaire pour qu'ils en prennent conscience. L'autre problème, c'est que l'obésité ne se traite pas par un surcroît d'activité comme on le croit souvent – les bonnes résolutions ne durent pas !

L'obésité se traduit par une longévité réduite, des problèmes quand le chien prend de l'âge comme de l'arthrose, de la constipation chronique voire une insuffisance cardiaque. Le chien obèse est aussi plus sensible aux maladies d'origine virale.

Il n'est pas simple de combattre l'obésité. Elle est souvent liée à une ration maison trop riche en graisses, ou alors à l'adjonction de déchets de table. Les viandes très grasses sont aussi les plus appétissantes pour le chien et il n'est pas facile de l'en priver ou d'en diminuer

Les friandises

Le sucre ne fait pas couler les yeux mais c'est une friandise à déconseiller, surtout pour un chien gourmand comme l'est souvent le beagle. Un petit carré de gruyère ou autre fromage à pâte cuite est bien préférable. Il ne faut pourtant pas en faire une habitude.

Il existe aussi des friandises sous forme d'os à mâchonner ou de bâtonnets. Elles sont à recommander dans la mesure où elles sont peu énergétiques et ne risquent pas de déséquilibrer la ration du chien. Il faut souligner que l'éducation à base de friandises pour récompenser l'obéissance du chien peut être un piège, elle est utile mais des caresses et des mots d'encouragement ont autant d'effet.

Une friandise à déconseiller absolument : le chocolat noir, qui est toxique pour le chien en relatives petites quantités.

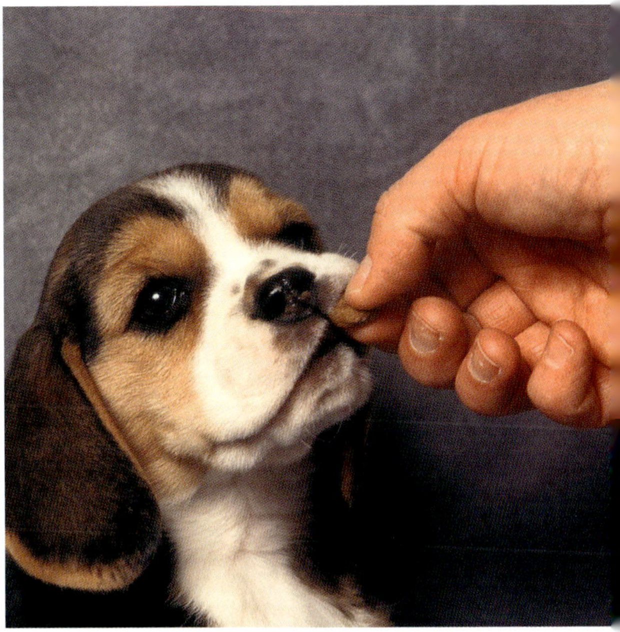

sensiblement les quantités. Idéalement, il faudrait augmenter la quantité de légumes verts et de carottes, c'est-à-dire ce que le chien a tendance à délaisser. En cas de simple surpoids, le chien étant seulement un peu « enrobé », il suffit de diminuer la ration de 10 % environ pour retrouver un meilleur équilibre alimentaire. C'est-à-dire qu'il faut peser les rations quotidiennes et ne plus céder à la tentation d'en rajouter une petite louche pour que le chien se tienne tranquille et ne réclame pas. Cela est plus facile dans le cas d'aliment à base de croquettes mais alors le surpoids est le plus souvent lié à l'habitude de donner des friandises ou des extras. Bref, le régime du chien passe par une rééducation des maîtres en quelque sorte.

La lutte contre l'obésité vraie passe le plus souvent par l'adoption d'aliments faiblement caloriques, industriels et qui se trouvent chez le vétérinaire. Ils existent en boîtes, pour les chiens habitués à des rations maison, ou en croquettes.

Le logement du beagle

Comme tous les chiens courants, le beagle est un animal rustique qui se satisfait de conditions de logement variées. Dans la maison comme membre supplémentaire de la famille, au sous-sol ou dans le garage. Dans une niche ou dans un chenil, lequel constitue le mode de logement le plus habituel des chiens courants.

Le beagle, chien de chasse avant tout, est aussi depuis longtemps un excellent chien de compagnie. Il sait se montrer amical et confiant envers les gens, petits et grands, familier avec les invités. Le mieux est de prévoir une couverture dans un endroit où il se sentira tranquille, ou un panier muni d'un coussin. Il faut essentiellement songer à un entretien facile, pour maintenir l'hygiène et mieux lutter contre d'éventuels parasites.

Dans le garage

Une autre solution, si le chien doit rester seul une partie de la journée, c'est d'aménager un coin au sous-sol ou dans la buanderie. Puisqu'il n'y a pas de soucis esthétiques, une caisse bricolée en bois, complétée par une couverture constituera son coin bien à lui. Il faut veiller à ce que les produits d'entretien ou de jardinage soient mis hors de sa portée, les empoisonne-

ments sont une cause fréquente d'accidents canins, de même que les outils et engins qui peuvent être dangereux. Le sac de croquettes sera bien entendu placé dans un placard ou dans un contenant qu'il ne pourra ni ouvrir ni renverser. Le sous-sol comprend le plus souvent un robinet d'eau courante, ce qui permettra de lui laisser en permanence une écuelle dont la forme est prévue pour ne pas être renversée. À défaut, un seau maintenu par une chaîne laisse au chien la possibilité de s'abreuver quand il en ressent le besoin, quel que soit son type d'alimentation. Un chien peut faire la diète, si le maître doit s'absenter un week-end par exemple, mais ne jamais être privé d'eau propre.

À la niche

Si le terrain qui entoure la maison est convenablement clos, on peut prévoir une niche. Dans ce cas, il vaut mieux que le chiot y soit installé tout de suite, sans passer par une phase dans la maison. La visite de l'élevage où il a passé ses premiers mois permet de se persuader qu'il est habitué à un logement différent de celui de son maître.

Une bonne clôture est essentielle, pour éviter que le chien ne fugue afin de chasser pour son propre compte – une mauvaise habitude qu'il serait très difficile de lui faire passer – ou qu'il n'aille à la rencontre du (de la) partenaire en période de chaleurs. Le grillage doit être solide, sa base suffisamment rigide pour qu'il n'ait pas la tentation de glisser dessous et d'une hauteur proportionnée à la taille du chien.

Les clôtures électriques pour les chiens se trouvent désormais couramment dans le commerce. Le fil électrique apparent peut compléter une clôture végétale ou constituée de lisses espacées, ce qui évite d'installer un grillage pas toujours esthétique ou impliquant une grosse dépense dans le cas d'un vaste terrain. Certains modèles prévoient un fil posé au sol ou même enterré superficiellement relié à un collier émetteur : le portail peut ainsi être laissé ouvert ou être actionné sans avoir à se préoccuper du fait que le chien va s'échapper. Ce sont des systèmes pratiques et fiables, dans la mesure où le maître aura pris le soin de bien faire comprendre le système à son chien. Un souci fréquent, c'est que le chien s'élance brusquement hors du terrain, sans tenir compte de l'avertissement sonore ni de la décharge électrique qui suit, pour aller à la rencontre d'une chienne qui a ses feux par exemple. Mais quand il voudra rentrer dans le terrain, une fois à l'extérieur, le collier émetteur l'en empêchera et il sera contraint de vadrouiller, parfois loin ! Il faut donc veiller à ce que le chien ait expérimenté le système et comprenne bien qu'il ne doit pas sortir.

L'ouverture de la niche doit se situer à l'est, c'est-à-dire exposée au soleil levant et protégée des vents dominants ainsi que des intempéries. Il est préférable que l'ouverture soit placée sur un côté et non au centre, afin que le chien ne dorme pas face au vent. On doit veiller à ce que la niche bénéficie d'un ombrage l'été.

Le chien adore « farnienter » dans un endroit surélevé, un large banc en lattes de bois est un confort peu onéreux.

À noter qu'une fermeture de la niche, si celle-ci est suffisamment spacieuse, peut s'avérer utile dans certains cas. La paille est une excellente litière, mais le chien peut avoir tendance à la répandre alentour, une litière en copeaux de bois (pas de sciure !) peut constituer une alternative. La niche peut être installée dans un chenil, qui est bien préférable à une chaîne.

Le chenil

Le chenil est un enclos de taille réduite, avec une clôture très solide. Il existe bien sûr des chenils tout faits dans le commerce, mais on trouve facilement des panneaux de treillage galvanisé, à petites mailles carrés (5 cm x 5 cm) qui conviennent parfaitement, s'ils complètent un petit muret de maçonnerie à la base.

Le sol ne peut pas être en terre battue, parce qu'il se transforme en bourbier à la première pluie et qu'il devient en plus un réservoir à microbes et à virus impossible à désinfecter. Une solution consiste, après avoir enlevé la couche de terre végétale, à répandre sur un feutre géotextile laissant passer les liquides, une couche suffisamment épaisse (de l'ordre de 15 cm) de gravillons de type « mignonnette » (graviers arrondis). Ce genre de sol convient mieux aux pieds du chien que le béton, il n'est pas glissant, ni humide, le nettoyage est simplifié. Si le sous-sol naturel est suffisamment perméable, ce peut être une

bonne solution. Sur le long terme (au bout d'une vingtaine d'années quand même), il peut apparaître des inconvénients.

Le sol le plus classique du chenil est le béton. Il doit comporter une bonne pente (prévoir une dénivellation de 5 cm par mètre). Sa réalisation doit être soignée pour éviter l'apparition de fissures qui sont autant de refuges pour les germes de maladies et sa dégradation par les déjections et le nettoyage avec un appareil à haute pression.

Si le chenil est vaste, on peut prévoir une partie bétonnée et une autre en gravillons, voire engazonnée.

Dans tous les cas, un point d'eau à proximité, dans le chenil de préférence, doit être prévu. Les nettoyeurs à haute pression se sont aujourd'hui bien démocratisés et s'avèrent très utiles pour nettoyer le chenil. Il faut noter qu'ils entraînent une moindre consommation d'eau qu'un simple jet. Dans tous les cas, on doit veiller à éviter les excès d'humidité, surtout en hiver.

Des désinfections régulières sont à prévoir, surtout s'il y a plusieurs chiens. En alternant des produits de désinfection basiques avec des produits acides, on prévient la résistance des virus et autres microbes. L'eau de javel diluée

est un très bon désinfectant, surtout employée avec de l'eau froide ou tiède car l'eau chaude diminue son pouvoir bactéricide et fongicide.

Rappelons une règle de base : on ne désinfecte que des locaux préalablement nettoyés ! Mentionnons parmi les équipements les abreuvoirs à niveau constant très pratiques et pas trop onéreux.

Un bâtiment pour la meute

Une meute de chiens conduit à prévoir un petit bâtiment. Un logement en dur est toujours préférable pour l'hygiène, avec des surfaces lisses et des angles de préférence arrondis pour un nettoyage plus efficace. Une fenêtre à ouvrant oscillant est une nécessité, il faut de la lumière, ne serait-ce que du seul point de vue hygiénique, la pénombre favorisant l'installation de parasites. Cela permet une ventilation réglable selon les saisons sans courants d'air. L'installation de bat-flanc permet aux chiens de choisir leurs lieux de repos.

Il faut prévoir un ombrage. Des arbres ou des haies sont intéressants, mais ils ne doivent pas se trouver trop près pour éviter l'enlèvement des feuilles à l'automne. Un auvent en claies de bambou ou en brandes de genêt, ou encore créé à l'aide d'un brise-vent en plastique, est une bonne alternative.

Les mêmes matériaux servent à masquer la circulation aux chiens, ce qui évite bien des aboiements et par conséquent les réclamations du voisinage.

À noter enfin que la détention de meutes importantes relève de la réglementation sur les installations classées, avec des contraintes d'installation sévères.

Pour aller plus loin

L'ÉLEVAGE DU BEAGLE

L'élevage est une passion, et tout autant un métier. Il n'est pas difficile de faire reproduire une chienne beagle, pour renouveler à moindres frais une meute, pour conserver un courant de sang ayant démontré ses qualités sur le terrain. Une première erreur serait de vouloir se rembourser des frais entraînés par la passion de la chasse et des chiens. La pratique de l'élevage, même sur un petit pied, occasionne des investissements et prend du temps ; on rencontre immanquablement des problèmes qui obèrent les bénéfices escomptés. Une seconde erreur serait de vouloir tirer facilement un revenu régulier et significatif de cette activité passionnante qu'est l'élevage canin. Celui-ci est encadré par une réglementation stricte et contraignante qui suppose des investissements lourds.

L'élevage occasionnel

Dès que l'on met le doigt dans l'engrenage de la cynophilie, c'est-à-dire la participation à des épreuves de travail, à des expositions, il y a de grandes chances pour que l'on se mette à élever. Il est tentant et normal de vouloir prolonger et pérenniser les résultats obtenus en concours.

Faire reproduire une chienne beagle ne pose pas de problèmes. La race est rustique, les naissances sont aisées, les chiennes prolifiques en général et, quand on vit à la campagne, aménager le garage ou un autre local pour élever une portée est avant tout affaire de bon sens.

> Les obligations

Du point de vue réglementaire, aucune compétence n'est demandée. La cession des chiots doit tout de même se faire dans le cadre de la loi du 6 janvier sur la vente des animaux de compagnie. Les chiots doivent avoir plus de 8 semaines pour pouvoir être vendus, les ventes doivent s'accompagner d'une attestation de cession, d'une documentation sur les caractéristiques et les besoins de l'animal, d'un certificat de bonne santé établi par le vétérinaire. Si l'on fait publier des petites annonces ou des publicités pour vendre les chiots, il faut que cette publication mentionne le numéro d'identification de la chienne, des chiots, leur nombre et leur âge.

Autre obligation : l'appartenance à la race beagle se fonde sur les pedigrees confirmés au Livre des origines français (LOF) ainsi que sur l'inscription de la portée entière et de chaque chiot, individuellement, à ce LOF à titre provisoire – certificat de naissance. L'annonce de vente de chiots de race beagle suppose obligatoirement que ceux-ci sont LOF ; dans le cas contraire, ils ne peuvent pas revendiquer la dénomination beagle.

Du point de vue de l'administration fiscale, notons que le revenu tiré de la vente de ces chiots est imposable comme n'importe quelle autre source de revenus.

L'élevage occasionnel est aujourd'hui précisément défini: une seule portée au maximum par an. Il faut en outre ne pas détenir plus de neuf chiens, nombre au-delà duquel une déclaration d'installation doit être déposée à la Direction des services vétérinaires de son département.

Dans ce cadre, les installations pour élever une portée sont sommaires. La chienne doit disposer d'une caisse pour mettre bas et allaiter ses chiots dans de bonnes conditions. Ce nid doit bénéficier d'un chauffage: une température insuffisante est la première cause de mortalité des chiots. Le plus simple est d'installer une lampe à infrarouges, réglable en hauteur, prévue pour les petits élevages de volailles.

> La socialisation des chiots

Le deuxième point important concerne la socialisation des chiots. Beaucoup sont destinés à partager la vie de leurs maîtres. Ils ne doivent pas avoir peur des inconnus et des bruits des activités humaines, voyager en voiture, etc. Cette socialisation n'est pas uniquement indispensable pour les beagles destinés à devenir chiens de compagnie. Ceux destinés à la chasse doivent pouvoir participer à des battues sans fuir les autres chasseurs ou être affolés par leurs véhicules. À la campagne, les conditions sont rarement réunies pour assurer naturellement une bonne socialisation des chiots: ils peuvent ne voir que leur soigneur, être préservés des bruits de la circulation, ne pas avoir l'expérience de la vie à la maison, n'être montés dans une voiture que pour leurs vaccinations. Ce seront alors de petits « sauvages », atteints de ce que l'on dénomme communément la « timidité des chenils ». Pour parler plus simplement des animaux inaptes à la société humaine, même si, à la chasse et avec leurs congénères, ils démontrent un comportement normal. Cette socialisation s'acquiert à une période précise commençant au moment du sevrage et jusqu'à l'âge de deux mois et demi environ. Si le jeune n'a pas été accoutumé à la vie en société pendant cette période, il ne s'y fera jamais ensuite. Il sera toujours craintif, timide en dépit des efforts et de la patience de ses maîtres.

L'élevage régulier

À partir de deux portées par an, les administrations considèrent que l'élevage est une entreprise à vocation agricole, devant donc se

Normes physiologiques

Durée des chaleurs: environ 3 semaines (proestrus et oestrus).

Cycle:

proestrus, 7 à 10 jours;

oestrus, 5 à 15 jours;

postoestrus, 100 à 140 jours;

anoestrus, jusqu'au cycle suivant. Il y a en général deux cycles par an.

Première saillie: il est conseillé généralement d'attendre les 3e chaleurs.

Moment optimal de la saillie: du 10e au 13e jour; on conseille souvent de présenter la chienne le 10e jour puis le 12e jour. Mais l'ovulation peut s'avérer beaucoup plus tardive. À savoir: il existe différentes techniques pour déterminer le bon moment, tels que les frottis vaginaux et le dosage de la progestérone.

Durée de la gestation: 61 à 63 jours en moyenne avec des variations pouvant aller de 56 à 70 jours.

soumettre à tout ce qui concerne cette profession.

> Le certificat de capacité

Le droit d'élever des chiens est subordonné à un certificat de capacité. Pour les jeunes, le BEPA canin (brevet d'études professionnelles agricoles) et le BTA élevage canin (brevet de technicien agricole), entre autres, confèrent cette capacité. Pour les autres il faut obtenir le « certificat de capacité relatif à l'exercice d'activités liées aux animaux de compagnie d'espèces domestiques » délivré par le préfet de son département. Il est délivré aux professionnels (responsables ou employés) pouvant justifier de trois ans d'expérience à titre principal dans une activité d'élevage, de vente, de commercialisation, etc. Il est délivré aussi aux juges et experts confirmateurs de la Société centrale canine ainsi qu'à ceux ayant bénéficié de la « formation en élevage canin », organisée par la Commission d'élevage de la SCC. Enfin, il peut être accordé aux personnes ayant « des connaissances suffisantes par le directeur régional de l'Agriculture ». Dans chaque région, il existe un établissement qui délivre une attestation après la réussite à des tests d'évaluation. Muni de cette attestation, le candidat demande à la Direction des services de son département un dossier de certificat de capacité. Bref, un cynophile a plusieurs possibilités d'obtenir sans difficultés majeures ce certificat obligatoire.

> La demande d'installation

Dès lors que l'on détient dix chiens (qu'il s'agisse d'une meute ou de chiots en attente d'être cédés), il faut déposer une déclaration

d'installation à la Direction des services vétérinaires de son département. Au-delà de cinquante chiens, c'est une demande d'installation qu'il faut solliciter auprès des mêmes services.

La simple déclaration au Services des installations classées suppose que l'éleveur respecte les « prescriptions générales d'installation » dont on peut résumer ainsi les grandes lignes :

– implantation à plus de 100 m d'une habitation (ou d'un camping) ;

– sol au revêtement imperméable menant vers un ouvrage d'épuration ou à l'égout public ;

– eau potable sous pression ;

– nettoyages, lavages et désodorisations quotidiennes ;

– clôtures pour éviter la fuite des chiens, lesquels ne doivent pas avoir vue sur la voie publique.

Comme on le comprend, ces obligations imposent des normes de construction et d'assainissement tout à fait sérieuses et qui excluent toute improvisation ou installations bricolées.

> La fiscalité

L'élevage de chiens est une activité agricole. Il faut donc procéder à une déclaration d'activité auprès de la Caisse de mutualité sociale agricole de son département. Les bénéfices réalisés sur la vente des chiots sont évidemment à déclarer aux Impôts.

Comme on le voit, dès lors que l'on quitte l'élevage occasionnel d'une portée de temps à autre, on se met *de facto* à la tête d'une entreprise agricole ! Il ne peut exister de situation intermédiaire, on est soit un particulier, soit un éleveur professionnel. L'Administration entend ainsi lutter contre le travail dissimulé et favoriser une professionnalisation des activités liées aux chiens, en espérant à terme lutter contre les trafics de chiens et les importations en masse.

> L'affixe

L'affixe est le nom d'élevage, il figure sur les pedigrees de chaque chien qu'il produit, après leur nom. L'affixe n'est pas obligatoire, il n'est pas non plus le signe d'une notoriété ou d'une expérience mais tous les éleveurs en possèdent un. Il permet au producteur d'être mieux identifié dans les palmarès de concours de travail ou d'expositions, ainsi que dans les pedigrees.

Les affixes sont délivrés par la Fédération cynologique internationale, par l'intermédiaire de la Société centrale canine. Lorsque l'éleveur demande un affixe (il doit proposer trois noms qui ne doivent pas prêter à confusion avec des affixes existants), il s'engage à élever exclusivement des chiens LOF et à inscrire toute sa production. Il s'engage aussi à respecter les directives de l'association de race.

La SCC transmet au président de l'association de race la demande d'affixe qui doit délivrer son visa dans les quinze jours – ou motiver explicitement son refus.

La reproduction

Faire faire une portée à une chienne ou donner au mâle l'occasion de devenir étalon n'est pas une nécessité pour leur santé. Il s'agit d'un choix du maître qui veut faire l'expérience de l'élevage.

On peut faire reproduire une chienne dès sa deuxième ou troisième période de chaleurs. Il s'agit de ne pas entraver sa croissance par une maternité trop précoce. Mais une chienne, après l'âge de 3 ans, peut connaître des problèmes lors de la naissance des chiots, bien que le beagle soit rustique et se reproduise naturellement sans difficultés.

Le moment où la chienne est féconde est très variable, on dit souvent qu'elle le devient vers le 11e ou 13e jour, des études statistiques ont démontré qu'il ne fallait pas en faire une règle. Le signe le plus sûr se trouve dans le comportement de la chienne à l'égard des mâles. Au début de la période de chaleurs, la chienne refuse nettement les avances des chiens, puis elle finit par les rechercher ou montrer des signes non équivoques d'acceptation de la saillie. Mais si l'on n'a pas de mâle auprès de

Quelques normes d'élevage

Dimensions du nid de mise bas :

longueur : longueur de la chienne (sans la queue) x 1,5 ;

largeur : taille au garrot de la chienne x 1,5.

Des planchettes ou des barres sur trois côtés permettent de ménager un couloir d'environ 10 cm de haut évitant aux chiots d'être écrasés par leur mère.

Dimensions de l'enclos :

Longueur de l'enclos : largeur x 2 ;

Largeur en m : √ taille au garrot x 0,6.

Température du local de maternité : 20 à 25 °C en ambiance.

Température au niveau du nid :

30 °C les dix premiers jours ;

25 °C ensuite jusqu'à l'âge d'un mois ;

20 °C après.

Calendrier des vermifugations de la femelle :

– 10 jours avant la saillie ;

– 10 jours avant et après la mise bas ;

– tous les 15 jours jusqu'au sevrage.

On peut en outre revacciner la chienne une à deux semaines avant la saillie, ainsi elle transmettra via le colostrum davantage d'anticorps à ses chiots.

soi, il n'est pas toujours facile de juger du meilleur moment pour décider de la saillie. Les éleveurs ont à disposition des tests fiables peu onéreux. Le dosage de la progestérone est la seule technique permettant de déterminer le moment précis de la saillie. Le frottis vaginal, que l'éleveur peut faire lui-même, permet uniquement de désigner le début de l'oestrus mais pas le moment de l'ovulation.

> La saillie

Une convention d'élevage internationale datant de 1979 précise les conditions de la saillie. Deux points sont à souligner : c'est la chienne qui se déplace pour être saillie par l'étalon. Lorsque le mâle a accompli correctement la saillie, éventuellement renouvelée 2 jours après, le prix convenu entre les parties doit être réglé, même si la chienne reste vide. Il est important que les éleveurs s'entendent par écrit sur les modalités exactes de l'opération. Le prix de la saillie est fondé sur celui d'un chiot, le plus souvent le propriétaire s'engage à céder un chiot au propriétaire de l'étalon.

On laisse les protagonistes se débrouiller dans un lieu clos et tranquille, tout en pouvant constater l'union et sans essayer ensuite de séparer les animaux. On peut aussi, après avoir laissé ceux-ci faire connaissance, se montrer plus directif, ce qui est parfois nécessaire lorsque l'un des deux partenaires est inexpérimenté.

• Le certificat de saillie

Ce document, à se procurer auprès de la Société centrale canine, doit être établi par les deux propriétaires. Il est envoyé à la SCC par le propriétaire de la chienne dans les quatre semaines suivant la saillie. En retour, la SCC envoie les documents permettant d'inscrire la portée au Livre des origines français : une déclaration de naissance puis un dossier de demande d'inscription quand les chiots seront identifiables par tatouage ou puce électronique.

> La gestation

La gestation dure 2 mois, plus précisément entre 57 et 63 jours. Pendant les 6 premières semaines, les modifications physiques restent peu perceptibles et la chienne gravide peut conserver son mode de vie habituel. Une visite chez le vétérinaire avant la 6e semaine est possible pour qu'il s'assure qu'il y a bien eu fécondation et que la chienne est bien gestante, par palpation. La radiographie, plus fiable, doit attendre la 6e semaine, c'est-à-dire que les petits squelettes soient formés et visibles sur le cliché, pour pouvoir espérer dénombrer les fœtus. Une autre technique est maintenant à la disposition d'un grand nombre de vétérinaires, l'échographie, plus précise pour renseigner précisément sur le nombre de chiots à venir.

• L'alimentation pendant la gestation

Les besoins alimentaires de la chienne gestante augmentent considérablement au cours du deuxième mois. Ils sont presque doublés en particulier pour ce qui concerne les protéines, qui doivent être aussi de premier ordre. Dans le cas d'une alimentation industrielle, on ne peut pas se contenter d'augmenter la ration, il faut choisir un aliment haut de gamme. Si c'est l'alimentation maison qui a été choisie, on ne cédera pas à la tentation d'augmenter la complémentation en calcium. Un excès de calcium peut engendrer des complications à l'accouchement.

> La mise bas

Il faut séparer la chienne de la meute 10 jours environ avant la date de naissance présumée. Quelques jours plus tard, on préparera une

caisse, munie de paille ou de vieux linges, qui lui permettra d'être tranquille. On surveillera attentivement son comportement. Il n'y a pas lieu de s'inquiéter, même avec une chienne primipare, qui n'a jamais eu de chiots. Cependant, après le 63e jour, il faut consulter le vétérinaire.

Le local de maternité est un local pas trop sombre ni humide, suffisamment ventilé, avec un sol en dur susceptible d'être bien nettoyé. Pour les portées naissant en hiver, il faut prévoir un chauffage du nid. La première cause de mortalité des chiots est une température insuffisante et, en hiver, la seule chaleur animale ne peut maintenir les 30 °C nécessaires aux chiots dans leurs premières semaines. Rappelons que les canidés sauvages font des terriers sous la terre, d'où une isolation naturelle qui n'existe pas dans un bâtiment même convenablement clos. Une lampe infrarouge, au bout d'une chaîne permettant un réglage en hauteur, telle qu'elle est prévue pour les oiseaux de basse-cour ou les faisans constitue une solution économique et pouvant être installée partout.

Vingt-quatre heures environ avant le jour « J », on peut constater une chute de la température d'un degré. Fréquemment, un peu de lait suinte des mamelles. Lorsque l'accouchement approche, la chienne devient inquiète, refuse de s'alimenter et gratte sa caisse, puis elle se met à haleter et la vulve présente des glaires.

Assister à la naissance permet de s'assurer que la chienne n'oublie pas de chiot, qu'elle a bien déchiré l'enveloppe fœtale de chacun, qu'elle les a dûment léchés et qu'ils se mettent à chercher les mamelles. Le léchage du ventre par la mère permet aux chiots d'expulser leurs selles ; si elle ne le fait pas, l'éleveur la remplacera avec un coton humide en pressant doucement d'avant en arrière. S'il y a six à huit chiots, on peut laisser la portée entière à la chienne, car il est bien difficile d'apprécier la qualité future des chiots. Pour des portées très nombreuses, qui sont fréquentes chez les chiens courants, avec dix chiots et plus, il est évident que cela peut épuiser la chienne. Pourtant, l'expérience montre que la taille des portées décroît avec leur nombre et qu'au final une chienne très prolifique n'aura, naturellement, pas plus de chiots que celle dont on a limité arbitrairement le nombre de petits. En tout état de cause, deux ou trois portées ne vont pas avoir de conséquences néfastes sur la santé d'une chienne par ailleurs bien traitée. Le temps qui s'écoule entre deux expulsions est très variable, entre une et quinze heures, parfois plus.

Chez le beagle, les problèmes de mise bas sont rares. Un manque de contractions peut être dû à l'épuisement de la mère lorsque la portée est nombreuse, mais aussi à un défaut d'ocytocine (hormone spécifique provoquant les contractions), à une maladie infectieuse, très rarement à un déficit en calcium.

> Les soins à la mère et aux chiots

Il n'y a rien à faire aux chiots tant qu'ils n'ont pas ouvert les yeux – à partir de l'âge de 2 semaines. Les chiots ne sont pas « finis » à la

naissance et tous leurs sens ne sont pas encore parvenus à maturité. Quand ils commencent à s'éloigner de leur mère, puis à vouloir quitter le nid, il ne faut pas hésiter à les manipuler, à leur parler. Il est bon aussi que plusieurs personnes puissent faire de même, afin qu'ils ne s'habituent pas au seul contact de leur soigneur. De même, il faut les sortir peu à peu de leur chenil de telle façon que leur univers ne soit pas borné à ce seul environnement. On les habitue à la voiture, au bruit de moteurs, on leur apprend à aller dans le coffre, dans une remorque. Les chiens actuels sont beaucoup plus étroitement associés à la société humaine, et cet apprentissage précoce en fait des chiens plus sociables et adaptables, confiants en toutes circonstances.

En revanche, il faut surveiller attentivement la mère pendant les jours suivant l'accouchement. L'éclampsie est due à une baisse brutale de calcium dans le sang, en raison de l'allaitement, et se traduit par des convulsions puis par une raideur qui empêche la chienne de se tenir. L'intervention du vétérinaire est alors urgente.

> L'allaitement artificiel

Dans certains cas, l'éleveur peut être contraint de distribuer du lait aux chiots, lorsque les portées sont nombreuses, huit chiots et plus, mais également si les mamelles sont infectées. Le lait de vache (ou même de chèvre) ne convient pas, on peut trouver dans le commerce du lait de chienne, chez le vétérinaire ou en pharmacie. Présenté sous forme de poudre, il est reconstitué avec de l'eau portée à 30-32 °C. Il faut s'en tenir strictement aux quantités indiquées sur l'emballage, une suralimentation pouvant entraîner des problèmes digestifs. C'est un travail très contraignant !

> Le sevrage

Le sevrage doit être progressif. Il s'agit de prendre en douceur le relais de la mère qui, spontanément, se montre de moins en moins tolérante avec sa portée et leur interdit ses mamelles, griffées par les ongles acérés et les jeunes dents de lait de ses chiots. L'aliment de sevrage doit être disponible, dans une texture tendre et une qualité qui attirent les chiots. Ainsi, leur système digestif s'adapte progressivement à passer du lait maternel insuffisant à un aliment de plus en plus croquant.

Il débute dès la 3e semaine, en distribuant d'abord un peu de lait dans une soucoupe, afin que les chiots apprennent à laper. Ce lait est peu à peu épaissi avec l'aliment de sevrage ad hoc – des croquettes pour chiens adultes ne conviennent pas du tout. Peu à peu, le nombre de repas va atteindre quatre ou cinq. Vers l'âge de 6 semaines, il est inutile de poursuivre l'allaitement qui risque d'épuiser la chienne.

La sélection

De nombreux lieux communs circulent dans l'élevage des chiens. Pendant des siècles, on a cru que des qualités de chasse allaient de pair avec certains détails physiques. Sans doute, tel étalon de grande valeur, ou une meute très homogène se distinguaient par certaines particularités. Il n'y a pourtant pas de lien génétique entre des aptitudes à la chasse et des détails de robe par exemple.

Personne ne croit plus qu'une chienne de race, saillie par un corniaud, produira par la suite un certain nombre de chiots sans race définie. D'autres idées ont encore cours.

> L'étalon a plus d'importance que la lice

La lice, ou chienne d'élevage, n'est pas un simple réceptacle assurant le développement de chiots qui devraient leurs caractéristiques à leur père. Les chiots tiennent la moitié de leurs gènes de leur mère et l'autre moitié de leur père, à égalité. À la génération suivante, ces gènes se mêleront d'une manière aléatoire : on ne peut pas dire qu'un chien tire le quart de ses gènes de chacun de ses quatre grands-parents.

En fait l'opinion d'une prééminence du mâle vient de ce que celui-ci peut produire de nombreux chiots alors qu'une chienne a forcément un nombre limité de petits. Dans les races où quelques étalons ont une descendance nombreuse, ils marquent évidemment plus la race que les chiennes auxquelles ils ont été accouplés. Au niveau d'un petit élevage, mâles et femelles ont une importance similaire.

> On compense le défaut d'un reproducteur par le défaut inverse de son partenaire

Ce n'est pas en choisissant, pour une chienne présentant un museau un peu effilé, un mâle ayant un museau excessivement carré que l'on va améliorer la portée. Les chiots auront sans doute des museaux ressemblant soit à leur père soit à leur mère. La solution est plutôt de choisir un étalon à la tête très typique.

> Il faut éviter le plus possible la consanguinité

Une consanguinité étroite est à l'origine de toutes les races. Une consanguinité, pas forcément voulue, a par exemple été inévitable dans des îles, des montagnes, des régions isolées. À long terme, une population canine ne se mélangeant pas à des chiens extérieurs finit par être homogène. Dans beaucoup de races, on retrouve à la base moins d'une dizaine de reproducteurs. Chez les chiens courants, les meutes se sont reproduites de manière endogame, en ne recourant à un étalon voisin que lorsque l'on constatait des débuts de dégénérescence. Bref, si l'on n'avait utilisé que des reproducteurs les plus éloignés possible du point de vue génétique, des races n'auraient jamais émergé.

La consanguinité, c'est-à-dire la reproduction de chiens ayant entre eux une certaine parenté, a au contraire permis de fixer des caractéristiques que l'on jugeait intéressantes. Le revers de la médaille est que cet élevage consanguin extériorise aussi des tares ou les rend plus fréquentes. Mais en aucun cas, elle ne les produit.

Une consanguinité très étroite, père-fille, frère-sœur, est à double tranchant dans la mesure où l'on ne connaît pas précisément leur génotype – le génotype est l'ensemble des caractéristiques qu'un spécimen peut transmettre. Certains gènes indésirables, responsables de maladies, peuvent ne jamais apparaître, tant qu'un seul des parents en est porteur, jusqu'au jour où les deux reproducteurs auront en commun ce gène produisant une tare ou défaut et qu'ils auront peut-être hérité d'ascendants situés à de lointaines générations en arrière.

En général, on considère qu'une consanguinité verticale, un sujet avec l'un de ses ascendants, recèle moins de dangers qu'une consanguinité horizontale, entre frère et sœur, dont les génomes sont plus proches.

> Le meilleur reproducteur est le plus titré

Un spécimen peut se révéler incomparable parmi les concurrents de sa génération et rafler un maximum de récompenses. Il n'en devient pas pour autant un reproducteur d'élite, tant qu'il n'a pas prouvé qu'il transmettait régulièrement ses qualités à un grand nombre de descendants.

C'est pourquoi les associations de race organisent des expositions d'élevage dont le temps fort doit consister à examiner les lots d'élevage, c'est-à-dire un reproducteur accompagné de plusieurs descendants provenant de diverses portées, dont les juges peuvent apprécier l'homogénéité.

Le beagle et les épreuves de travail

Le beagle, ainsi que le précise son standard, fait partie des races « soumises au travail ». Cela signifie que les titres de champion de conformité au standard – on dit aussi communément expositions de beauté – ne sont décernés qu'à des sujets ayant reçu une récompense de travail. Dans les races soumises au travail, les classes d'exposition de chiens ayant obtenu des récompenses de travail sont aussi très fournies. Elles sont souvent plus suivies et plus réputées que les classes de champions de beauté.

Chez le beagle (et les autres races de chiens courants), il n'y avait pas, jusqu'en 2007, de certificat d'aptitudes au championnat de travail (CACT) comme cela existe depuis très longtemps dans les races de chiens d'arrêt. Il s'agit donc d'un nouveau titre accessible aux beagles.

Le test d'aptitudes naturelles (TAN)

Différents niveaux de difficulté existent dans les épreuves de travail destinées au beagle. Le premier est le Test d'aptitudes naturelles. Ce

test, qui se retrouve dans toutes les races de tous les groupes, vise à vérifier que les aptitudes de base propres à chaque race sont bien présentes, en dehors de tout dressage ou préparation. Le beagle doit faire preuve de son aptitude à la quête, ne témoigner ni crainte ni agressivité, se montrer raisonnablement indépendant tout en ayant un minimum d'obéissance. Le TAN peut se passer à partir de l'âge de 9 mois. Chez le beagle, où la majorité de la population chasse, le TAN n'a évidemment pas la même importance que dans d'autres races devenues très populaires comme chiens de compagnie et où il n'existe que peu de sujets et de lignées ayant les aptitudes pour lesquelles elles ont été créées. Le TAN ne permet pas l'accès à la classe travail en exposition mais il fait partie des critères de la grille de cotation des géniteurs (classant les reproducteurs), il est enfin exigé pour l'inscription au LOF à titre initial.

Le brevet d'aptitude à la chasse (BAC)

Le brevet d'aptitude à la chasse permet de constater sur le terrain que le chien sait se ser-

vir de ses qualités natives pour suivre la voie d'un ou de plusieurs gibiers. Le BAC permet d'accéder à la classe travail dans les expositions de conformité au standard. Dans la race beagle, il a plus d'intérêt que le TAN. Il figure parmi les critères de la grille de cotation des géniteurs. Il est délivré lors des épreuves de brevet de chasse.

Le brevet de chasse pour chiens courants (BCCC)

Les brevets de chasse sont aux chiens courants ce que sont les field trials pour les chiens d'arrêt. Ils ont pour but d'évaluer les chiens courants afin de sélectionner les meilleurs reproducteurs.

Un jury délivre un nombre de points, assorti d'un qualificatif:

– Assez Bon pour une note allant de 100 à 119 points

– Bon pour 120 à 134 points

– Très Bon pour 135 à 149 points

– Excellent à partir de 150 points

Deux Excellent permettent de prétendre au titre de champion de Travail.

Les chiens concourent sur lapin, lièvre, chevreuil ou sanglier selon les brevets.

Pour le beagle, l'obtention d'un brevet de chasse avec mention Très Bon est indispensable pour faire homologuer les titres de champion de beauté obtenus en exposition.

Les brevets de chasse prévus pour le beagle se déroulent sur le lapin, mais aussi sur le lièvre, le chevreuil, parfois sur le sanglier (dans le Sud-Est). Plus de vingt brevets sont organisés chaque année par le club de race.

Durant cette épreuve, les chiens ont une heure et demie pour lever l'animal et le poursuivre le plus longtemps possible devant un jury composé de 4 ou 5 juges de travail. Les résultats obtenus sont reportés sur le carnet de travail de chaque chien – le carnet de travail est obligatoire pour tous les chiens courants.

Les statistiques montrent qu'à chaque saison, plus de mille brevets de chasse sont obtenus par des beagles, dont 60 % avec la mention Très Bon.

Les coupes de France sur petit et gros gibier

Chaque année, une Coupe de France pour petit gibier (lapin ou lièvre) et une pour gros gibier (chevreuil ou sanglier) sont organisées. Elles rassemblent les meutes de toutes les races présentées par les différents clubs. Elles sont les vitrines du 6e groupe.

Le beagle et les expositions

La Société centrale canine organise chaque année, par l'intermédiaire d'associations départementales, les Sociétés canines régionales, plus d'une centaine d'expositions toutes races où l'on peut faire examiner son beagle par un juge. De son côté, l'association en charge de la race, le Club du beagle, du beagle harrier et harrier, met sur pied chaque année une exposition Nationale d'élevage, complétée par trois expositions spéciales situées dans les régions où se trouve le gros des effectifs du beagle, l'Ouest, le Sud-Ouest et le Midi.

Les instances cynophiles

> La Fédération cynologique internationale (FCI)

La FCI, qui fête son centenaire en 2011, regroupe la plupart des nations cynophiles à deux exceptions près. Le Kennel Club américain est entièrement indépendant, en particulier pour ce qui concerne la reconnaissance des races et des variétés et la description de leurs standards. Par exemple, en ce qui concerne le beagle, son standard prévoit deux tailles. Le Kennel Club britannique n'est pas non plus affilié à la FCI mais des accords passés entre les deux organismes permettent une reconnaissance mutuelle des standards de race. Ainsi, la France reconnaît et applique le standard anglais du beagle. Cependant, l'organisation des concours et l'attribution des récompenses obéissent à des règles complètement différentes.

La Fédération cynologique internationale diffuse les standards établis par chaque pays d'origine, reconnaît les livres d'origines de chaque pays affilié, fixe les modalités d'organisation des expositions internationales. Elle reconnaît et centralise aussi les affixes ou noms d'élevage.

> La Société centrale canine (SCC)

Créée en 1882, la SCC est la seule instance reconnue par le ministre de l'Agriculture pour la sélection de l'espèce canine et ses diverses races. Son Livre d'origines français est le seul livre généalogique reconnu par l'État français et par la Fédération cynologique internationale (dont elle a été cofondatrice). En outre, elle a une délégation de service public pour gérer le Fichier national canin, qui regroupe tous les chiens identifiés, par tatouage et aujourd'hui de plus en plus par transpondeur (ou puce électronique). Bien des gens – dont des vendeurs peu scrupuleux – confondent le LOF et le FNC qui sont deux fichiers totalement distincts.

La SCC est reconnue d'utilité publique. Elle est constituée en fédération, qui ne comporte comme membres que des associations. Il existe deux sortes d'associations affiliées à la SCC : des clubs, en responsabilité de la sélection de chaque race, et des sociétés régionales, qui organisent les expositions toutes races. La SCC organise aussi le championnat de France chaque année.

> Le Livre des origines français (LOF)

Le Livre des origines français (c'est le livre qui est français, non les origines des chiens inscrits qui peuvent avoir des origines étrangères) regroupe les généalogies de tous les chiens de race en France.

Une des spécificités du LOF est que les inscriptions de chiens se font en deux temps. À la naissance, les chiots – une fois identifiés – bénéficient d'une inscription provisoire, matérialisée par un certificat de naissance. Remarquons que ce certificat, tout provisoire qu'il soit, est valide toute la vie du chien.

Pour se reproduire, le chien doit cependant voir son inscription confirmée par un examen effectué par un expert agréé, et qui aboutit au pedigree définitif.

Pour la plupart, les inscriptions se font « au titre de la descendance ». Les pedigrees mentionnent les parents, grands-parents et arrière-grands-parents. En outre, les récompenses obtenues sont notées sur les pedigrees.

Le livre généalogique du beagle est ouvert : les sujets sans ascendance officiellement connue peuvent obtenir un pedigree « à titre initial », sans mention de généalogie.

Les beagles peuvent enfin être inscrits au LOF « au titre de l'importation » dans la mesure où leur généalogie est reconnue par la SCC et la FCI.

Chez le beagle, la section du Livre des origines qui lui est dédié est « ouverte ». Cela

La confirmation

Dès que le chiot beagle est identifié individuellement, il peut être inscrit au Livre des origines français et bénéficie d'un certificat de naissances garantissant cette inscription au LOF. Mais cette inscription est provisoire et doit se muer en pedigree définitif pour que le beagle adulte, s'il se reproduit, ait ses descendants inscrits à leur tour au LOF. Il lui faut passer alors l'examen de confirmation, simple examen visuel qui permet à l'expert confirmateur de constater qu'il correspond suffisamment à la race et ne risque pas de la détériorer. Il ne s'agit pas d'une épreuve ni d'un concours. Le chien doit avoir au moins 12 mois, il n'y a pas de limite d'âge supérieure.

L'examen est fondé sur une liste de critères, établi pour chaque race.

Les points entraînant un refus de confirmation pour les races beagle, beagle harrier et harrier sont les suivants :

Type général :
- manque de type ;
- taille : en dehors des limites du standard (tolérance de 1 cm en plus pour les excellents sujets).

Points particuliers :
- construction et ossature rendant l'inaptitude à la chasse ;
- fouet défectueux ;
- présence d'ergots ou toute trace d'ablation d'ergots aux membres postérieurs.

Robe :
- yeux trop clairs ;
- excès de ladre à l'extérieur des narines, aux paupières, aux bourses ou à la vulve.

Anomalies :
- monorchidie, cryptorchidie ;
- prognathisme supérieur ou inférieur.

Note : la monorchidie est l'absence d'un testicule dans les bourses, la cryptorchidie est l'absence des deux testicules. Le prognathisme se traduit par un allongement ou le raccourcissement de l'une ou l'autre mâchoire, visible à l'examen des incisives. Dans le prognathisme supérieur, les incisives du haut ne sont plus en contact avec celles du bas, dans le prognathisme inférieur, les incisives du bas sont passées devant celles du haut.

signifie qu'un beagle dont les parents n'ont pas été inscrits au LOF (ou l'un des parents), peut passer l'examen de confirmation. Si l'expert le juge apte et après accord du club, ce chien bénéficie d'un pedigree. Quelques dizaines de beagle sont confirmés à titre initial chaque année. Cela permet de réintégrer dans la race des sujets pour lesquels l'éleveur n'a pas suivi à temps toutes les modalités d'inscriptions.

Les différentes expositions canines

> Les expositions nationales

Les sociétés canines régionales organisent de très nombreuses expositions nationales de conformité au standard : il ne se passe pratiquement pas de week-end sans qu'une ou plusieurs expositions nationales ne soient prévues. Les expositions nationales délivrent des certificats d'aptitude au championnat de France de conformité au standard (CACS). Le CACS compte pour l'attribution du titre champion de France.

Ces expositions sont accessibles à tous les chiens de race, détenteurs ou non de pedigrees. Elles permettent aussi de faire confirmer son beagle. Elles sont le cadre le plus approprié pour débuter en concours de beauté.

> Les expositions internationales

Pour participer aux expositions internationales, il faut que le chien soit inscrit au Livre des origines français. Dans toutes les régions, il existe une exposition délivrant le Certificat d'aptitude au championnat international de beauté (CACIB), où les participants concou-

rent aussi pour décrocher un CACS. Ces manifestations sont d'un niveau plus relevé, avec une participation étrangère, d'exposants et de juges internationaux, leur organisation relève de dispositions définies par la Fédération cynologique internationale (FCI), prescrivant notamment une certaine superficie et des rings couverts.

> Les « spéciales »

Dans le cadre de ces expositions toutes races, les associations de race ont la possibilité de désigner un juge spécial pour officier : ce sont les spéciales. Pour sa part, le Club du beagle, du beagle harrier et harrier prévoit trois spéciales chaque année, dans les régions où les beagles sont les plus nombreux. Ces spéciales sont en principe recherchées par les concurrents dans la mesure où les chiens sont examinés par un spécialiste des chiens courants et du beagle, et non par un juge multirace.

> L'exposition nationale d'élevage

L'association de race organise, chaque année, sa propre exposition réservée aux races dont elle a la charge. Ce type d'exposition est centré sur la sélection des meilleurs reproducteurs et des lignées les plus intéressantes. Bien entendu, le jury est désigné par le club de race. La Nationale d'élevage délivre un CACS. Dans le cas du beagle, il peut y avoir éventuellement un champion de France ayant remporté le CACS de la Nationale d'élevage et un autre gagnant le CACS au championnat de France toutes races.

> Le championnat de France

C'est la seule exposition organisée directement par la Société centrale canine. Il s'agit d'une

VARI KENNEL

exposition internationale où les jurys sont proposés par les différentes associations de race. Les chiens concourent pour le CACS et le CACIB.

Il existe aussi des expositions européenne et mondiale. La France, en tant que membre de la FCI, se voit périodiquement confier l'organisation de ces manifestations : en 2011, elle a en charge l'exposition mondiale.

Le déroulement d'une exposition

Le beagle, race de travail, n'a besoin d'aucun toilettage pour être présenté dans un ring d'exposition, il devra bien entendu être présenté au mieux de sa forme.

Les formulaires d'engagement sont à demander à la Société canine régionale organisatrice, ou alors à la Société centrale canine, au moins 2 mois avant la date prévue. À noter qu'il faut toujours présenter un certificat de vaccination antirabique en cours de validité.

À l'arrivée au lieu d'exposition, le secrétariat remet à chaque participant le catalogue, où l'on retrouve le nom de chaque chien et de son présentateur, ainsi qu'un numéro d'engagement.

Ce numéro est porté sur chaque cage que doit occuper le chien tout au long de la journée. Il est aussi à porter en évidence par le présentateur, le juge n'ayant pas connaissance de l'identité de chaque chien.

Le juge examine chaque chien individuellement. Il est amené à regarder la gueule du chien, pour vérifier la denture et l'absence de prognathisme. Il vérifie aussi chez les mâles que leurs testicules sont bien présents dans les bourses. Chaque partie du corps est examinée et fait l'objet en principe d'un bref commentaire, lequel est éventuellement dit à haute voix. Après cet examen en statique, le mouvement du chien est observé. Après les examens individuels, le juge compare les différents sujets ensemble, en particulier en les faisant marcher autour du ring. Il délivre enfin les cartons de qualificatifs et distribue le cas échéant les récompenses, CACS, CACIB pour les expositions internationales et les « réserves » (RCACS et RCACIB), les quatre premiers ayant obtenu un qualificatif « Excellent » étant classés.

Les meilleurs de chaque classe d'engagement concourent enfin pour être sacrés Meilleur de race et participer au Meilleur de groupe, voire au Best in show (meilleur de l'exposition), toutes races confondues.

> Les classes d'engagement

Selon leur âge, leur sexe et les récompenses déjà obtenues, les concurrents sont engagés dans des classes différentes :

– Puppy : réservée aux sujets âgés de 6 à 9 mois. Le juge donne simplement une appréciation : Très prometteur, Prometteur, Assez prometteur, Insuffisant.

– Jeune : destinée aux chiens âgés de 9 à 12 mois. Elle peut donner droit au qualificatif Excellent.

– Ouverte : elle rassemble tous les chiens âgés de plus de 15 mois. Il n'est pas nécessaire d'avoir préalablement participé aux classes Puppy et Jeune. Ces classes ont surtout pour but de se familiariser aux expositions car, en classe Ouverte, les débutants peuvent côtoyer des conducteurs et des chiens expérimentés. La classe ouverte peut donner droit à l'attribution du CACS, en concurrence avec la classe Travail.

– Travail : concerne les chiens âgés de plus de 15 mois et titulaires, en ce qui concerne le beagle, d'un brevet d'aptitude à la chasse (BAC). Ils concourent pour le CACS en compétition avec la classe Ouverte.

– Champion: cette classe est réservée aux chiens déclarés champion national ou international. Elle ne donne pas droit au CACS.

– Lot d'élevage: les éleveurs peuvent présenter trois chiens de leur production, issus d'au moins deux portées différentes. Un lot d'élevage peut être engagé le jour de l'exposition. Il faut que chaque sujet soit engagé dans une classe individuelle. Les meilleurs lots d'élevage sont récompensés au niveau de chaque groupe.

Notons qu'il existe aussi les classes Intermédiaire et Vétéran.

> Les qualificatifs

Les participants aux expositions reçoivent un qualificatif matérialisé par un carton de couleur, en plus d'un « slip » de jugement rédigé par le secrétaire de ring donnant un résumé écrit du commentaire du juge. La signification de ces qualificatifs est à relativiser, l'Excellent est généralement accordé avec une certaine indulgence pour encourager les concurrents.

– Excellent (carton rouge): en principe chien très proche du standard et en parfaite condition physique.

– Très bon (carton bleu): très typé avec quelques défauts véniels non morphologiques.

– Bon (carton vert): chien correspondant à la race mais présentant des défauts.

– Assez bon (carton jaune): chien relativement typé sans qualités notoires ou en mauvaise condition physique.

– Insuffisant (carton blanc): sujet présentant un ou des défauts éliminatoires.

> Les récompenses

• CACS (Certificat d'aptitude au championnat de conformité au standard)

Ce certificat ne peut être décerné qu'à un premier Excellent, il n'est pas automatiquement accordé. Ce certificat entre en ligne de compte pour l'attribution du titre de champion national. Dans la race beagle, comme dans une majorité de races, le CACS délivré en Nationale d'élevage et celui du Championnat de France sont également valides pour l'obtention du titre de champion national. Il peut donc y avoir deux champions nationaux certaines années.

Le chien classé deuxième peut bénéficier d'un RCACS (réserve de certificat). Dans le cas où le titulaire ne remplit pas les conditions pour obtenir ce titre de champion dans les deux ans, le titulaire du RCACS peut alors y prétendre, dans un laps de temps de un an. L'homologation du titre de champion doit se faire dans les deux mois suivant la dernière récompense.

• CACIB (Certificat d'aptitude au championnat international de beauté)

Ce certificat est homologué par la Fédération cynologique internationale (FCI). Là encore on trouve le RCACIB ou réserve de CACIB, éventuellement converti en CACIB si le premier ne répond pas aux conditions d'homologation – ou s'il est déjà titulaire du titre de champion international.

• CHCS (Champion de conformité au standard)

Un beagle peut obtenir le titre de champion national s'il décroche le CACS au championnat de France ou celui de la Nationale d'élevage, plus deux autres CACS, dont un décerné dans une exposition internationale. Ces récompenses doivent avoir été attribuées par trois juges différents.

• CHIB (Champion international de beauté)

Pour devenir champion international de beauté, le beagle doit avoir obtenu plusieurs CACIB attribués par des juges différents dans différents pays affiliés à la Fédération cynologique internationale. L'un d'entre eux doit avoir été obtenu dans le pays d'origine du propriétaire. Le pays d'origine de la race, la Grande-Bretagne, ne fait pas partie de la FCI et ne participe donc pas à l'attribution de ces récompenses.

Les statistiques officielles montrent que ces quatre dernières années, 18 titres de champions nationaux de beauté ont été attribués à des beagles. Pendant la même période, 5 titres de champions internationaux de beauté, 53 titres de champions nationaux de travail ont été décernés.

Le beagle et la chasse

Le beagle peut être utilisé dans la chasse à tir comme dans la chasse à courre – plus rarement. Nombre de chasseurs ont pu aussi découvrir la race comme auxiliaire de la chasse devant soi, y compris pour lever des faisans. Des gravures anglaises datant de plus d'un siècle témoignent de l'ancienneté de cette utilisation. Mais c'est bien sûr dans la traque du gibier à poil, en meute, que ses qualités sont le plus souvent sollicitées. Il traque lapin, lièvre, chevreuil et sanglier, selon les régions. Mais il ne faut pas oublier qu'il a été sélectionné à l'origine pour le courre du lièvre, le beagling *en anglais.*

Chasser le lièvre

D'un naturel inquiet et très rusé, le lièvre est sans aucun doute le gibier le plus délicat: sa voie (trace odorante) très légère est difficile à suivre. Les chiens ont souvent bien du mal à démêler les voies enchevêtrées que l'animal a

tracé avant de se gîter. Le lièvre a en effet l'habitude d'effectuer plusieurs retours sur lui-même en croisant ses voies.

Il nécessite des chiens bien créancés collant à la voie, formant une meute homogène, parfaitement ameutés et de même train. En outre, il leur faut une grande finesse de nez et se montrer très criants pour que les chasseurs suivent leur chasse. La chasse au lièvre est extrêmement sportive et fait souvent parcourir une bonne quinzaine de kilomètres au pas de course !

Elle nécessite une connaissance fine des mœurs de l'espèce, qui a le plus souvent plusieurs gîtes de jour, son activité étant essentiellement nocturne, de même une bonne connaissance du terrain, le lièvre se révélant très casanier et fidèle à son territoire. D'une saison à l'autre, les postes de tir sont souvent les mêmes. Cette chasse est aussi tributaire des conditions atmosphériques, brouillard et vents d'est ou du sud rendant pratiquement indécelables les émanations qui datent de la nuit.

La meute doit se montrer particulièrement enthousiaste et persévérante. Pour mieux les créancer, certains chasseurs n'hésitent pas à laisser à leurs chiens le premier lièvre tiré ou à leur faire consommer sur place les viscères.

Chasser le chevreuil

Beaucoup de chasseurs de lièvres rencontrent des difficultés en raison de la surabondance de chevreuils. À l'origine, le chevreuil se cantonnait dans les massifs boisés suffisamment importants. Aujourd'hui, les effectifs ont explosé et beaucoup de chevreuils ont été contraints, pour cause de concurrence, de quitter les forêts et de vivre en milieu ouvert simplement parsemé de bosquets, c'est-à-dire celui du lièvre. Or les chiens prennent (empaument) en priorité la trace du chevreuil que le très rusé lièvre ne manque pas de croiser. Il faut beaucoup de fermeté pour les arrêter sans pour autant qu'ils se sentent brimés, c'est pour tout dire assez délicat.

Dans certaines régions, des meutes de beagles sont créancées à la fois sur le lièvre et sur le sanglier. Les voies de ces deux animaux nocturnes se ressemblent, bien que celle du sanglier soit sensiblement plus forte. Faire prendre aux chiens le change sans les perturber, en les gardant bien groupés, nécessite pas mal d'expérience.

Le beagle, chien de meute par excellence

Le beagle peut chasser tous les gibiers en fonction de leur fréquence dans les régions. Il n'est absent que dans l'Est, où l'on ne chasse pas avec des chiens courants, les grandes plaines découvertes du Nord n'étant pas non plus propices à la race. S'il est aussi nombreux dans les autres parties de l'Hexagone, c'est que les chasseurs trouvent facilement dans leur coin des meutes spécialisées dans le gibier le plus abondant. Du fait de ses immenses qualités athlétiques combinées à la modestie de son format, il est idéal pour constituer des meutes. Comme sa finesse de nez est incontestable et qu'il se montre très criant, il répond parfaitement aux attentes d'une majorité d'acquéreurs de chiens courants !

Adresses utiles

SOCIÉTÉ CENTRALE CANINE (SCC)
155, avenue Jean-Jaurès
93535 Aubervilliers Cedex
Site Internet : www.scc.asso.fr
Standard : tél. : 01 49 37 54 00
Fichier national canin (chiens perdus et trouvés – tatouages – identifications par transpondeur) : tél. : 01 49 37 54 54
Informations (chiots disponibles – Informations) : tél. : 01 49 37 54 01
Inscriptions au LOF :
saillies, naissances : tél. : 01 49 37 54 30
confirmations, pedigrees : tél. : 01 39 37 54 40
Secrétariat Informations :
matin : tél. : 01 49 37 54 22
soir : tél. : 01 49 37 54 23

FÉDÉRATION CYNOLOGIQUE INTERNATIONALE (FCI)
13, place Albert-Ier
B-6530 Thuin (Belgique)
Tél. : 00 32 71 59 12 38
Fax : 00 32 71 59 22 29
Site Internet : www.fci.be

CLUB FRANÇAIS DU BEAGLE, DU BEAGLE HARRIER ET HARRIER
Président : Jacques Bourdon
Roz Ar-Lann, 15 rue Turgot, 22000 Saint-Brieux
Tél./fax : 02 96 61 82 88
Secrétaire : Michel Germond
Les moineaux, Gas, 28320 Gallardon
Tél. : 02 37 32 42 68
Vice-président : Jacques Menut
Grand-Jean 24490 La Roche-Chalais
Tél. : 05 53 91 42 88
email : jacmen24@wanadoo.fr
Responsable de l'information : M. Longeon
96-98, rue Lecourbe 75015 Paris
Tél. : 01 42 73 13 12 ou Jacques Bourdon

Index

Crédits photographiques

Briers Elke/Fotolia.com : 21 ; **devilpup/Fotolia.com :** 44-45, 52, 79 ; **Duhayer/COGIS :** 25, 32, 53, 65, 118, 126 ; **EMOTOPIA/Fotolia.com :** 74 ; **Français/COGIS :** 4, 12, 15, 16, 17, 24, 27, 29, 33, 36, 38-39, 40, 41, 47, 48-49, 51, 52 h, 55, 57, 66, 67, 68, 69, 70-71, 77, 80-81, 83, 85, 87, 88, 89, 91, 95, 100-101, 103, 106, 108, 110, 111, 112, 116-117, 120, 121, 122-123, 125, 128, 129, 130, 141 ; **Franzo/COGIS :** 18-19, 119, 132 ; **Gehlhar/COGIS :** 30-31, 92-93, 105, 136-137 ; **Grossemy/COGIS :** 13 ; **K9stock/Fotolia.com :** 96 ; **Heim Ramona/Fotolia.com :** 46 ; **Hermeline/COGIS :** 133 ; **Jenny_mav/Fotolia.com :** 97 ; **Jess22ica/Fotolia.com :** 78 ; **Le Gall/NATURE :** 7, 22, 34-35, 56, 60-61, 72, 73, 99, 134, 135, 138-139 ; **Morvan/COGIS :** 11 ; **Neish Nicolette/Fotolia.com :** 43 ; **Nemec Martin/Fotolia.com :** 90 ; **Nicaise/COGIS :** 8-9 ; **Philipcs/Fotolia.com :** 51 ; **Pixphoto/Fotolia.com :** 59, 63, 94 ; **Razbora Robert/Fotolia.com :** 98 ; **Rus Alexander/Fotolia.com :** 58 ; **Smit Otmar/Fotolia.com :** 28 ; **Strauss Volker/Fotolia.com :** 84 ; **Thesupe87/Fotolia.com :** 23, 82 ; **Varin/COGIS :** 115 ; **Villante Jean de/Fotolia.com :** 114 ; **Waldemar Dąbrowski/Fotolia.com :** 37.